当代
名家
影像

改变
会自然发生

赵奇
影像

赵 奇 著

辽宁美术出版社

图书在版编目（CIP）数据

改变会自然发生：赵奇影像 / 赵奇著 . — 沈阳：
辽宁美术出版社 , 2022.8
（当代名家影像）
ISBN 978-7-5314-8475-2

Ⅰ . ①改… Ⅱ . ①赵… Ⅲ . ①赵奇（1954–）—生平
事迹—图集 Ⅳ . ① K825.72-64

中国版本图书馆 CIP 数据核字（2021）第 022523 号

出 版 者：辽宁美术出版社
地　　 址：沈阳市和平区民族北街29号　邮编：110001
发 行 者：辽宁美术出版社
印 刷 者：辽宁新华印务有限公司
开　　 本：710mm×1000mm　1/12
印　　 张：15$\frac{2}{3}$
字　　 数：160千字
出版时间：2022年8月第1版
印刷时间：2022年8月第1次印刷
责任编辑：时祥选　张　玥
特约编辑：王哲明
封面设计：留白文化　郝　强
版式设计：鼎籍文化创意
责任校对：郝　刚
书　　 号：ISBN 978-7-5314-8475-2
定　　 价：168.00元

邮购部电话：024-83833008
E-mail：lnmscbs@163.com
http：//www.lnmscbs.cn
图书如有印装质量问题请与出版部联系调换
出版部电话：024-23835227

目　录

　　——这样的说法有点费解吧？在我看来，这是一本围绕着照片讲故事的书，所有的话必然返回我的自身。可是，一个普通的农家孩子，哪有那么多的照片给人观看？从前的拍照，可是金贵的消费呀！而且只是面对着你记录着年纪。因此我把我的绘画放入其中，目的是想使内容丰富一些。因为绘画是视觉的审美活动，这与照片就接近了——我知道我的想法有错误，所以，我把绘画和绘画依据的照片放到了一起，我们可以同时倾听它们不一样的声音。那么，从照片——这种具有社会意义的新闻摄影中去了解我们的生活，重要的还要依据文字，这样我又写了一些。整体的认识活动是一种"动态的模样"，我们一并将其视为"影像"如何？还有，涉及我小时候家里的情况，回忆一定不是当时的。

　　这是一九八几年我的照片，所以选择了它，把它放在这里，是我觉得我已经成熟了。这本书涉及的内容其实非常复杂，我整理的时候，常常找不到头绪。一件事情从哪儿说是好呢？它果真就是孤立的吗？同样的材料，怎么会产生不一样的结果？当然这样的问题不需要我回答，也不需要我的解释。对此，我心里很清楚。但是，我有责任，也就是诚实一点。——我觉得现在诚实是重要的，因为一切都在改变，我们必须得面对自己，所谓的自然不是顺风而行的东西。

前言
我和我的照片

翻开这本书你就会知道，这本书里是有许多照片的。当我说这些照片放在这里是必要的，你会怎么想？

这是这本书的特别之处。有好多话是在照片里。还有就是我的画。我把绘画也算作照片——它要说的是什么？照片不同于绘画，这一点无需多讲。现在是它们放在一起，你就当作是照相机对着田地里的农民，而不是画笔。

据说文字作者拿起笔的同时，眼前就出现了读者。我不是。现在我不是。

我面对着空旷，面对着时间。这是一种事实。生活中我们对于经历的事情难说是了解得全面。所幸还有照片，照片修复了我们的记忆。我很相信它。我也愿意不断地看到它。不过我得说，每一次见到照片的感觉都不一样。碰巧那一次我想画了，那感觉就起了作用，这样绘画又成了见证——或许它不是证明从前，它只是证明我画的那一刻。这如同音乐，我们在不同情况下的"重听"并不是重复，感情也是即时的。我曾想让这些文字有目的，那样我可以很快地写下去。可是没有，我找不出，因此常无从下手。我是处于一种窘境之中。

在很长时间里，你可以看出，我所做的仅仅是一个人的回忆。我无法判定我的想法正确与否，但我相信那是一种真实，这在我的绘画中充分地体现着。因此它也像照片，在许多情况下，解决着我们阅读的困难。

我是一个画家。哦，原谅我的虚荣，因为绘画是一件了不起的事情，被我这样轻易说出，而我还是要放弃绘画上的表达——在这本书里，绘画只是像照片一样，通过眼睛，使大家一下子就看见自己，证明着时间的存在。

这一次是编辑约稿，我得考虑。或许在最初的时候，谁都不明白这本书要怎么写。编辑告诉我，把过去的生活照片收集起来，然后写点什么。他的确给了我宽松。——有什么可写的呢？围绕着照片说话的书会是什么样子？那些照片，因为是自己的事情，确实会使我想起很多，可是，除我之外的人呢？他们怎么看？

我想到了我的作品。这是我唯一可以抓住的事情。人的内心，在实际的生活里总是有一些东西沉潜得很深。你不知那是什么。

  2005 年春天，工作室的几个人一块去辽南，我们想到农村走走，收集点画画的素材。我们每个人都带上了相机，如果在早些年，我们只有速写本了。这是同行的老师给我拍的照片，我拿着相机，很像样地四下看着。

我的作品，当然不是全部，有一些是深受照片影响的。我得说，我是在完成忠实于生活的作品。这力量来自于情感而不是时尚。

我说的照片，除去我自己拍的，也包括发表在报纸和画报上的新闻图片。比较有代表性的是关于大寨的创作，那几幅作品就是参照照片完成的。现在我想，能否将这种方式也介绍一下呢？是的，它太特殊了。大寨在中国的土地上是真实的存在。可是，这种情况不会改变吗？我们不会把它当成普通的故事或者为了某种需求随意地编造？也许在创作开始我就处于这种担心之中。我的绘画过程十分谨慎。我像待在一间库房里，对着农具，对着仅存的账簿——这是复杂的认识工作。它需要记忆和时间。这样的创作也是一种方式，但是怎样去解释呢？我一直是犹豫的。这么些年里，我的经验也仅仅属于"这一次"。我想使我的作品能进入一种真实里，是想到了我们生活的实际。假定我的叙述是一种谎言呢？如果我们穿越时间，站在那片土地上，站到正在劳动着的大寨人面前，所有的感慨就变得有着落了吧？这也是那时我绘画的情况。显然我的作品带着我的个人

痕迹，我仍然觉得这种具体是有意义的。

——那些照片是作为证据存在的。它是一种特定时间里的生活，我的目的是使画面进入真实和确凿之中，免得流于空泛。因为那段生活明显受到意识形态的影响，喧闹、亢奋的口号往往会把有价值的东西给遮蔽了。这也是一种真实吧？可我又想排除它——我不认为绘画可以有那么多明晃晃的批判作用，它只是通过画面给我们以感染，使我们看到更为广阔和永恒的东西。这样说过，你已经对我的想法有了比较清晰的认识吧。有人对于大寨问题表示过轻视，我却不能，永远不能。那是我们生存的环境。我得承认，即使已经明了其中的问题，我也无法放弃。

我喜欢照片，喜欢面对照片琢磨那些形象。这算什么行为呢？假定没有了后来的创作，或许就是个人的兴趣。不过有了作品，我不得不对其另眼看待了。

人对图像的感受总是直观的。我有过这种体会，平常我们忽略的，当你研究照片时，往往会有新的发现。这是没法想到的事情。我还得说，对于生活的认识，我是很不自信的，我

常常处于犹豫不决中。在作品里我所能做的只是一些描述。这样，我所看到的情况就显得重要了。

对于一本书的阅读是没有条件的。阅读就是阅读。写作也是如此。作者带着自己的经历在完成着作品。但是现在，我得像别人一样阅读自己的创作过程，是不是很有意思？好在有照片的帮忙——这是一种新的叙述方式吧？我得感谢我的编辑，使得我在这本书的"创作"中，又一次增加了好奇心。

人的想法真是很奇怪，我们有时候就是在矛盾中行事。即便觉察到了荒谬，也仍然不会改悔。我所谈及的作品、我所放不下的那部分内容到底是什么？为什么不可以认真对待它？时间不是一件东西，人类需要时间来认识自己。当无法感受消失的过去对我们的影响，于生命而言便是死亡。

事实上，我们不能把从前的生活解释得十分透彻，即使有电影纪录片那样的资料，我们也不可能做到精确。因此每时每刻我们都得与虚假斗争。在我看来，这话不是口号，它是一种本分。

——一个年代的生活，一段日子，总会有普通的事情吧？大寨的那些照片——我没有把它看作是了不起的战天斗地场面，我认为那就是劳动，那是每天我们都做的事情。我看着照片，注意力往往会停留在人的动作上，那是形象，我时常想到的。我惊叹那种力量。那是自然之美，那是被我们称为"诗意栖居"的具体表现。是的，"诗"不是一种语言类型，诗所呈现的意识是对现实世界的认知。也许这样的说法是在接触着严肃的命题，即劳动的本质，它终归是什么。当劳动被意识形态化的潮流过后，再回头看那些汹涌的口号，我们会不会心里生出感慨？我们有能力超越自己的局限吗？现在谈论这些问题的时候，我们自然会想起艺术作品对于生命、对于人的精神世界所产生的影响。这样的理解是在喻示着什么吗？我不得而知。但是我感受到了它的指导和引领。

照片上所显示的劳动，就是一些简单、重复的姿势，它没有使我厌倦。后来我发现，啊，不是一开始我就明确有着把控的，开始没有。

只是在绘画过程中，一点一点就那样做了。后来我意识到，这或许可以视为一种方法。到了今天，我始终保持着那时候的态度：我不知道怎样做了，也就不去想了——放下一切，直接去描摹所见到的形象。这种方式使我受益匪浅。有一些在绘画上比较有意思的内容，都不是我在绘画的当时就明确的，而是以后。比如对于劳动的认识，我从画大寨这些画开始，一直就面对着它。直到十年前吧，我画《中国日记——土地·北方·春》那一组作品时才有所领悟。

我们在习惯上是会将艺术的表现称为诗的。这种意思比较好理解。因此艺术家都把作品中的诗性作为理想与最高的追求。而诗的表达我们见到，往往是将个人的生活和更为遥远——我们暂且说文明联系在一起。这与我们看到的浮现在表面的东西截然不同。但是，你想过没有，绘画何以呈现诗句？画家的感慨，画家说的事情，是需要有可视的形象作为依据的，这时候的具体就成为十分重要的内容了。传达生命深层的现象无疑得具有高度的真实，而真实的意思不可能是建立在虚构的基础之上——这也是我重视图片的根本原因。事实上，我们得先有画面，再言其他。

关于图像的意义，今天已经有了专门的著作，我在这里言及的还不是那类学术的事情。我注意的是图像本身给予我们的影响。对于画家来说，它可能是题材，可能是构图，可能是某种感觉——它不是没有生命的东西。如果图片仅仅作为创作的素材和资料来使用，那就是我们的失败了。以绘画来说，多少年里我们有一种认识，也算是习惯：画家依靠照片来画画，会被认为是没有能力的表现，即使是把模特儿拍下来对着画，那样也不好。这个看法非常普遍。你看画家经常讲的是下乡写生：今天我去了哪里，明天又去了哪里……好像绘画必须得满世界转悠。恰巧他有机会拍了照片，也要藏起来。这意思就是在告诉大家，他的画面上的形象，全是写生所得。现在照相这种技术已经普及到了不能再普及的程度，某个物件的图像已唾手可得了，为什么我们还要弃之不用？而事实上，我们是躲不开的。在南方的一个水乡，

　　这是我们的大学毕业照。站着的都是学生，绘画系和工艺系是在一起的。前排中间坐的是
院领导，两边坐的是学校各系的主任。

　　这是一个冬天，我们校园的景色。那时，每天我都起得很早。在学校的三年里，我几乎都
是一个样。早晨起来的头件事，就是围着学校的操场跑步，后来又围着学校的外边去跑。那是
不管天气的，除非下雨。

我见识过，一大群学绘画的学生，他们沿着河边排队一样坐下，前边摆着画箱。我看了，他们所画的是对岸的村落，那个距离很远。我也发现，那些学生是不看对面的——他们看着手机——那些学生把要画的对象拍在了手机上。他们只是坐在了河边……这是幽默吧？我无意去评论。因为这种行为的低级之处，是他们不懂得什么是写生，更不用谈写生的意义了。在这里，我只是借此说明照相的方便。

在我之前，画家没有谁要写现在我写的东西。但是，我相信，没有谁没有过面对照片创作的经历。照片不是抽象之物，相反，它很具体，因为具体而带来了意想不到的内容。按照我的思路，一幅照片是可以成为绘画的，而事实是，每一幅照片都不是绘画，永远都不是。

尽管我说的有些散乱并且还模糊，我也没有找到支撑我观点的理论骨架，但是，我还是得把这种工作继续下去。因为我觉得它重要——它涉及艺术创作核心那部分内容，即事实与形象的表达。

艺术的诞生，根植于人类对精神和理想的追求。这是人的本能和欲望。不能说艺术创作只会给我们带来欢快，也许还有难过。但是，无论如何，我们都不能对作品做预先设计。因为我们无法知晓生活是什么和我们将会遇到什么。我们需要艺术，需要这种生活，仅此一点也就够了。我们知道，创作的最初动力源于自身，正是人类的不安分。画家在作品中的情感是很自然的一种显现，是本能。生活里的某种事情，使我们感到突兀，就像伫立雾中的一棵树，惹得我们睁开眼睛凝视它。唯有感受到形象，才有作品中的创造。毫无疑问，绘画是一种最为真实的艺术，它是以画家的身体检视着自然的存在。

有人鼓励画家可以在作品中尽情地挥洒笔墨，他们以为在创作那个世界里，个人就是上帝。而我觉得还是谨慎些好。我在准备画些什么的时候，并不是拿起笔来就一路下去。不是这样。我常常陷入回忆里。也是往事的缘故，使我不敢贸然下笔。记忆起的事情在今天看来绝非偶然，如果一个画家被他选择的一片风景感动，那片风景里一定埋葬着他的秘密。这种秘密他并不知晓。

　我爸我妈坐在自家的院子里，我拍的照片。我家是 1971 年由锦县余积搬到盘锦东郭苇场，那个村子叫欢喜岭。这次搬家在我的心里产生了"不安"的一片影子，以至到了今天我都不能明确说出我的家乡算作哪里。

　　我记得，在决定搬家的那一年，"家"还没有走呢，我回去了——我正在县文化馆参加"美术创作学习班"，搬家后我仅仅回去那一次——在村东头的桥上，我哭了，哭得十分伤心。我姨问我，为什么哭？她抽着纸卷的烟，向地上吐了一口……然后她笑了，说是看这大桥修好了，以后，你看不着了吧？当然我不知道这是不是答案。比较确实的是，我把后来的欢喜岭也看作家了。家乡的观念对于人其实是很淡的，只有一些具体的事情让你印象深刻。你仔细想想，我生活了近五十年的沈阳呢？还有现在的北京，谁知道我可以待上多少年？

在我的记忆里，童年那一部分生活我还是感到幸福的。幸福是一个完整的概念。村庄是完整的。我的家是完整的：爸爸、妈妈、大哥、二哥，还有妹妹。小时候我深信的一件事情，就是没有哪里比我们村里好。哦，这样的说法太没有质感了——我们村子的周围没有高山和森林，村里没有像样的大树也没有像样的河流，只是到了雨季，村外的河里才有一些水。但这不会影响我对童年的好感。

你知道，我想说的意思并不简单。是的，它属于记忆。我的幸福感经过了加工和重建，可是，我仍然认为它可信。因为我记住的是一件一件的事情：每一个学期开学，我妈都会为我们兄弟三个缝制新衣裳，有时可能是把旧衣服的里子翻到了外面，有时把我哥的改了给我，但它是新的。每年冬天，我爸都会在屋子的中央砌起一个火炉子，烧着他做木活的废料和我们拾来的煤焦，这样，我家就没有了寒冷。当河里有了水的时候，我在一块小木板上钉两个钉子，再用线把钉子连起来，这样就像是船舱了，然后放到河里跟着它跑。

我妈说，过日子得算计。我感觉爸妈像是织了一张网，虽然漏着窟窿，全家人毕竟拥在了一起，孩子被围在家的中间。那时，我不知还有什么比这更好的活法。

似乎不用解释，那时我什么都不懂，当然就没有抱怨了。我把记忆中的那份精致穿成项链收藏起来。对于我，这是不能失去的东西。

记忆不是唤起苦涩和失望的一杯咖啡。有一天，人人都说起自己童年的苦涩，那时候，一定是在咖啡馆里。

每一次下乡到农村写生，我看到老房子就想起自己和父辈。最近去大寨，心情也是这样。大寨是中国农村最有名的代表，它与我印象中的模样差距不大。因为它的特殊背景，那里的村子连着土地都被保护着。那一片就是巨大的博物馆，而博物馆就是一所供人参观的大房子。

也是这一次去到大寨，触发了我要写点什么的念头。因为我画过几幅与大寨相关的作品，这样的联系说来就紧密了。我先说作品。我画完它们有二十年的时间了。那时没有人约稿、没有人派任务，是我自己要画的，是心里的不安要我做的事情。我害怕说出这个事实。过去这么些年，这几件作品我也送去参加了一些展览，它们同大家是见过面的。可是，没有谁认出它们——那些画无声无息。它们只是在展览馆里待着。我不是在讲述我的经历，而是在讲述绘画。我没有觉得这是一种意外，相反，它给了我可以继续讲下去的理由。

今天，大寨会被看成是很远的存在。可我觉得那里也是我生活的村庄。不过是离开久了，从前的印象变得模糊了。你也许有过这样的感受，突然回到故里，那种激动总是说不出的。接下来，平静之后难免茫然……你不知是在哪里了。在大寨我就是这种样子。说实话，那些天里，我有些委屈。

我开始画那些作品的时候，其实想得不多。我只是觉得大寨萧条了，那里已经不再人来人往了。为此我感到了不公平。那么多人的劳动成就了大寨。劳动是一种事实。我担心劳动成为了不值钱的东西……你看，我的想法有多么糟糕。就像我惦记家乡的庄稼，我没有想到庄稼的年景和收成，而仅仅牵挂农民的劳动。

坦白一点，我的意见十分主观，不过艺术生活就是这样。作者总要在作品里说些什么。在这几件作品中，我不厌其烦，我反复讲述。也像做着研究工作，把看见的什么尽量都画出来，即使一条衣褶也不放过。

大寨的照片真是很吸引人。你看下去了，即刻就有感受。这使我很激动。我的绘画像民歌的传唱。我想保持土地所具有的自然和朴素，我不想改动什么。我觉得有些道理是不说话的，它只是默默地在那里。

劳动是生命里一个很本质的问题。劳动关乎人活着的质量。我没有问过什么人，这种常识似乎也不需要特别的经验去判断。可惜我们对劳动往往只是看到了"累"和"苦"，很少有人重视对劳动的需求，好像人只要放下了锄头，休息起来就是幸福了。从我父亲那辈儿人的身上，我体会着他们的态度，与这种想法是不一样的。他们说劳动是"干活"，能干才是活着。每逢回家看到村里的几个老人，见面的几句话是"我今年干不动了""我待着呢"，话语间流露的是无奈。——"干不动了"，生命如果在舞台上，这句话就是与世隔绝的最终台词。我相信这是真实的感受，劳动一辈子的人都这么想。

人总爱回忆往事。有一段时间，我觉得这是年纪问题。后来，我发现孩子也爱说"从前"。我们常常看到，在路上，或者家里，孩子嘴里也在叨咕："我小时候……"他们知道小时候的样子吗？这几乎是不可能的事情。但是，我们却在正经地谈论"奇怪不""这孩子呀"，显然是玩着孩子一样的游戏，以此获得自己的快慰。人的感情非常复杂，你不可能所有情况之下都做到理性。

我们不知记忆始于何处。从孩子的情况看，记忆当属一种能力。孩子是从记忆里寻找自己，由此又构成了新的记忆。这个话题也在告诉我们，记忆并不属于个人。实际上，记忆是有创作在其中的，这与绘画和写作有点相似。或者说记忆的内容也很丰富，它是人类重要的资产。如果讨论下去还得把孩子放到一边，孩子太小了，他们像作品一样，你是没法与之交流的。

记忆不是一个孤立的词。它是一种概念。它适应于各种情况之下，但是你不能单独使用它。我们今天说的图片——还是说照片吧，它仅仅是一个时间里的证据。有人会觉得它不合时宜，是的，它的内容难以确定，往往还是各种势力使用的工具。但是，就其品质而言，每一张照片，它的本体，它的故事都是一种自然的存在。

我还想告诉大家，我的艺术观念里还是偏爱自然那类的准确。我相信照相机的发明，对于人类认识自己是一种推动。有人把它放到了绘画的对立面就显得小气了，而且也低估了绘画。绘画不要像照相机那样——有谁那样要求了？我没有这种担心，绘画仍然是绘画的。"准确"这样一种概念，并不是眼睛看到的事情。如果画家的努力在于使绘画像照片那样，正是在毁灭绘画。我们说绘画得借助孩子的眼睛去观察，这样你就会觉得，我们的讨论其实并不复杂，而是差在认识能力上。照片不过是借给了我们一种观看和比照的方式。今天的孩子们很幸运，拿着手机可以到处拍照，可以一秒一秒地拍，不用考虑浪费的问题。这不是嫉妒。我在说着事实。照片带来的优势就是准确，由准确而被认作真实。我得停顿一会儿。我突然想，在真实的意义上，我们了解自己的童年吗？

　　我们哥仨，年龄相差都在两三岁。我妹妹和我差得多一点儿，是八岁。照这张照片时还没有她。

　　我在家里的条件就是"得天独厚"了。两个哥比我大，我爸、我妈也能干，家里的活儿就不用我真的"卖力"。就是这样，我还常常得到表扬——大哥在他的作文中总是这样写：今天，我们兄弟三人打扫院子里的雪……三弟干得最欢，累得满头大汗……其实，我更多的时候是躲开了劳动，我总是告诉他们我在画画呢。

　　我和小妹玩的时候很多。农村生活就这样，都是大孩子带小孩子，哪里会有幼儿园？而我记得最清楚的是，我总是背着她，我总是摔倒。

比如那些照片，毕竟是那么远的生活，该是怎样描述？如果是在当下呢？我看到有人写的回忆，尽管有照片佐证，总觉得像是在娱乐和消费。我们童年缺失的东西，在今天来看，怎么也不会像是一道风景。

我家的墙上，是北面的墙，南面是一排窗户，北面墙中间是一面大镜子。镜子右边，我对着就是左边了，并排挂着两个镜框，各有半张报纸那么大。框子里镶的就是照片。那是家里珍贵的东西。照片不是死板地排成一排，有各种倾斜，我不知是谁的主意。我总是趴在柜子和箱子上看那些照片——北方农村家里多是这种摆设：南面窗户下是一铺坑，对面是箱子和衣柜，靠西边是粮食囤子，中间留着一块大一点儿的空地。

因为个子太小，我得踩着凳子，脸高过箱子和柜子，这样可以看清那些照片了。我时常这样看着。我看得很仔细。我数点着上边的亲人——都是亲人的，我姥家人多，姥爷、姥姥、舅舅、姨……当然，主要的还是我爸、我妈、我哥。有我的照片最少，只有我们兄弟三人的一张合影。

为什么要说这些照片？我现在想，记起来的内容，有多少是属于当时的？我不会说什么。我很爱看，这是事实。我最关心的是在外边工作的舅舅、姨和姨夫，我不会时常见到他们。他们三年五年才可能回来一次。我看着他们，就是看着外边。他们对我是一种陌生。我做得最多的是比较。我总想发现他们哪里长得不一样。照片太小了，我得仔细看。这种比较很有意思。这是一项做不完的工作。还有几张两个哥哥的照片，我也是奇怪：他们俩怎么长得不一样？怎么我看他们也和照片不一样呢？当时我也许还想着别的。不确实的东西，还是不说为好。我依稀觉得，到了现在，看照片的爱好仍然在我身上起作用。你相信？童年的事情是一颗颗水晶，是想法就会闪耀着光芒。

那些写实语言的绘画，通常招致的批评就是"太像照片了"。这话就是一根棒子，它丢在那里，谁都可以捡起来抡上几下。这只是笼统的说法，而且很不负责任。照片有照片的功能和效用，绘画是绝对达不到的。我相信照片本

　　我家南边的"大水泡子"，现在已经是这样了。从前可不是。它离我家很近，出门一溜小跑就到了。那是一个大水坑，我奇怪的是那个水坑到了边上也没有草，更不用说里边了。它很像家里洗脸洗脚那种粗陶烧制的水盆。村民们就是这样的，收工了先到那儿洗洗脸、涮涮铁锹和锄头什么的，然后再回家吃饭。

　　我不理解的还是在冬天，尤其是年根底下，不知道哪来的那么多人，整个河都塞满了。大家都在冰上玩，更多的是孩子们坐着自制的"冰车"——那是各式各样的，有的需要人拉着，有的是用两根铁条或钉子做成铁锥撑在冰上滑。不过我很少看到穿冰鞋的，那只是学校体育课老师所有。别的季节水泡子也是美丽的。它面积很大，一汪的清水，水面上浮着鸭子。河边经常有人撒网捕鱼，还有来来往往的牛羊到坑边喝水。夏天就多事了，因为那个河坑太适合游泳了，难免就有人被淹死。我们学校是明令禁止野浴的，可是，水泡子上面就是学校的操场，你想一下，谁能管得住孩子？这确实是个问题，我在那里就遇到过"生命危险"。在五年级的时候，有一次我脱了衣服趴在河边，两腿扑腾着学"狗刨"。我的一个同学，挺大个子，是个孩子头，他正在河里一趟一趟地游着。他发现了我："欸！你不是会游泳吗？"于是就冲过来用胳膊夹起我，把我拖到河中央然后丢下，结果谁都知道，我迅速下沉。这时他发现了，觉得有点儿不对劲，赶紧又游过来，重新用胳膊托着我。我的头又露出了水面。有意思的是——这也是我给今天孩子们的教训——他托着我在水上游了，我脑袋忽然想起报纸上的宣传：在河里落水的人，有人搭救你了，落水者应该用手划水，使施救者减轻负担。我就那样做了，却是给了他一个错误的信息：你这不是会游吗？立刻就把我第二次丢入水中。我喝了几口水之后，他才看出我真的不行啊，又把我重新捞起。这个大水泡子呀，它给我留下了太多的故事，唯有这一次是个教训。（摄影　王哲明）

身具有着极大的能量，它有着其他方式无法取代的地位。

拍摄照片、影像，还有类似的方式，其中的手艺部分得借助机械器材吧？我想它应该与绘画就不一样了。照片和绘画其实并不相像。它们不同的地方，正在于创造的基础。绘画依靠的是人的技术，而照相不是。在精神的追求和表现中，如果我们承认摄影作品也具有这方面的意识，那是因为这种方式利用了人的聪明而不是感情。这样的一个事实，对于生活的影响，其结果一定是大不相同的。

我记得，我们全家都很重视那两个镜框。后来搬家，它们随着我们也到了新的地方。不过这一次被放在了大哥家里。我爸我妈都老了。我呢，因为工作到了外地。现在，大哥已经不在，兄弟离散，不知两个镜框是否还在。事情有时候很奇怪，明明大家都很在意，可是却不谈起。我们的孩子没有了我们对那镜框的感情，照片上隔辈的人对于他们来说就是符号了……而他们，我发现，在用自己的方式，用手机什么的，记载着自己的感情。他们不是把照片装在镜框里，摆在那儿，像我们那样供着。对此我没法写了……那当属一件旧物或是一些习惯吧。镜框和那里面的事情，也只能是在我的记忆里存在了。我爸我妈他们时常在照片前站上一会儿——这是我的印象，我不知他们想什么。现在我可以猜了，除了我们这个家，你想，他们心里还能有什么？

我爸我妈他们一辈子信赖的就是劳动，其实很累，很辛苦。看照片的时候，我觉得是在休息。来我家串门的亲戚、邻居和朋友，都免不了在照片前比比画画说上几句。那是热闹的时候。不单是我家，村里别人家里也是这样的。那是中国农村文化的一抹光彩。

事情一旦成为过去，一切也就烟消云散。从某个真实的意义上来说，每个人对于生命的了解都是独自的体会，这是一个过程。人类一次又一次地与世界发生关系，当然会使用大家共同积累的知识。那些被称为不变的内容，每一次在生活的实际中都会发生着变化。今天的农村已不是从前的农村，我说的房子，曾经的家，恐怕是很少见了。更为可怕的是——我感到了可怕，据说每年都有村庄在消失……

艺术家总是宣称，要像孩子似的看世界。——要长着孩子的眼睛，其根本是说创作中的单纯。但是，我也在想，这里有没有"重新观看"的意思呢？每个人都是生活在自己的环境里。那么，由环境而来的影响，对于观看的结果，不会是一样的吧？还有，这个环境如果是处于嘈杂之中，会掩盖一些什么？坦荡寻求是一种态度，与处心积虑的经营是不一样的。

是的，我的照片和我究竟是一种什么关系呢？尤其是现在我所描述的我是我吗？倘若这样想下去，首先拷问的就是真实了。

也许我们总是把周围的时刻想象为静止的状态，你看这样的说法大家会觉得幼稚。事实上我们所做的和我们所认为的常常就是这样。就像观察草原上奔跑的马，我们想办法看到的是那些马的动作一个个分开。这种情况通过照片我们看到了，于是我们为此高兴，会把看到的就视为"跑"吧？如此就存在许多形象，我们无法判定哪种情况下哪张照片是正确的，事情没有唯一。早些时候，也是年轻一点，我没有把记忆当回事，只是现在除去记忆，我还得借助于文字和图片，借它们的一臂之力帮助我恢复模糊了的生活。

现在我见到的照片，都是很久的事情了。这些照片不是艺术品，不能单独去欣赏，只有把照片放在当时的那个环境里，尽管事情因此会变得复杂，可是也得这样去做。在看到照片的时候，我觉得我睡着了。照片中的人物，或者在照片角落的某个地方，莫名其妙就生出些枝蔓，瞬间就把话题扯得老远。多数情况之下，我的确分辨不清哪种结论有意义，哪种结论好一点儿，我分辨不清假设与假设之间的界限。睡觉时人是放松的吗？休息会使人有力气？我察觉到，被窝的安乐其实也是一厢情愿。睡觉时人的脑袋里往往会钻进一些与现实毫不相干的东西。

当然现在我很清醒。我并不是把遇到的事情弄懂了，而是恢复了比较有信心的状态。可是，我不得不说，许多情况下，我仍然是处于无法形容的一种尴尬中。就像每一次回家看我妈、看我爸，他们在的时候，我不认为我是孝顺的。虽然那时我离开了家，在外地工作，还

　　我们村的西北有一条河，那是真正的河。之所以这么说，是在平日里看，那条河没有几个地方是有水连着的，它一段一段像水坑一样，靠着山脚待在那儿，算是一种斯文吧。可是到了雨季，那条河真的就不给面子了。河水溢出河道时的凶猛，现在年轻点的可能想不出。我记得有几年的情况是这样的：村子里，我们公社的整条街上都是水，就那样无拘无束哗哗地向东流着。好像每次时间并不长，也就半天吧，水就归了河道。那条河上从前没有桥，若想过到北边去，你得踩着石头。河那边没有几户人家，我的一个同学，他的家恰巧在那边。这样，我就有理由经常过河了。到了中学，我那同学不知什么时候会拉二胡了。有一天，老师把他带到文艺队，他不识谱，也不会唱歌，他只是听，通过听，只是几遍，就可以用二胡拉出来。广播里播出的歌曲，往往是他最先会的。（摄影　王哲明）

　　这张照片我判断不出是我家乡的哪里。拍摄的朋友告诉我在村子的南边，可我仍然想不出它确切的地方。这重要吗？我知道，只是我自己"有点过不去"。家乡是模糊的一种认识，与我们说的爱差不多，有时候是星星，有时候是土地，它可以具体到你的手触摸猫咪时的刹那间，也可以是海阔天空……是的，它是存在你心里的情感，它是你于生活中一厢情愿的创造。但是，它必须得实在，必须得与自己的经历和身体连在一起，否则，你的幻想也就破灭了。(摄影　王哲明)

　　这是现在余积的街上。我离开那儿有半个世纪了。尽管我想到了那里的变化，可是这张照片的样子我也不能接受。

　　那里应该是人来人往的——它是公社的所在地，那里是一个很大的集市，最兴旺的时候是三天一小集，五天一大集。集市上非常热闹，卖什么的都有。我接触的头一个画画的，就是在公社的大集上。他是个老头，在集市上摆了几张画，画很小，画的是山水，有牧童吹着笛子在桥上走过。集散了，我还跟着去了他家里。我看到的第一本字帖就是在那个时候。不过都是模模糊糊的印象，模模糊糊的只见了一面的老头，还有那本字帖，可能是颜真卿的"多宝塔"。我自己呢，也说不出确实的年龄，肯定是在五年级以前。我记得清楚的是集市上人挤着人，声音也是挤着的，你听不清任何人说的是啥。那段时间里，我好像对什么都有兴趣，比如在集上看见配钥匙的，我就站在那儿看，是半天半天地看。我总想把配钥匙那手艺学到手，因为它很神奇：一把锈迹斑斑的锁头，我们可以把它拆开，拿出锁芯和弹簧，经过修理加工，这把锁就好使了。（摄影　王哲明）

　　我二哥家养了两条狗，是体型比较大的那种。那一年我从沈阳回家，换了几次车，到家已经很晚了。我爸我妈和我嫂子坐在屋里说话。我是从后门直接就进屋的，在灶台前转悠的两条狗随着我也进去了。

　　家里人见面自然很亲。他们也有些抱怨："怎么不吱一声呀？"——我有两年多没回了，只能说"啊，忙"敷衍一下，然后东一句西一句地说着别的。热热闹闹地过了一会儿，大嫂忽然提高了嗓门："咋回事？"她发现"这狗怎么没咬呢"。于是我才注意到那两条狗，它们趴在地上已经迷糊了。这在家里人看来也是意外的。大嫂说，平日这狗很厉害，在村里都出了名，邻居到家串门，老远就得喊："老赵家，看狗哇！"谁能说清，它们见到我怎么那么"友好"？我们是从来没见过面哪！我哥说，每一家人都有一种气味，每一家人走路都有一种声音，只是我们不知道，它们知道。

不至于说是千山万水吧？我并没有时常回去，像电视里和网上宣传的那样，常常陪着他们唠些什么。那么，现在就后悔了吗？没有，无论人前人后，我都没有像道德模范那样去检讨自己，我觉得那也是没有必要的。这样就显得有些"心硬"而不近人情。家里人无论怎样，心里还是有联系的，这一点，我倒是始终相信。其实我在绘画里，就常常把我的亲人装进去。这不是故意的说辞，这是良知，还有就是那种说不出的神秘在遏制我的行为，我没法离开他们走得太远。

那么，我所在意的是什么呢？我得说明白点，不是我画面中所呈现的过去的生活，不是那种昔日景象，尽管我画了那么多从前的房子，从前的村舍，甚至是从前的河流和从前走过的泥土。尽管往日的生活在我们周围没有停止转悠，说实话，我并不企图旧日在我作品里重现。我心里所想的是，艺术在于一种温度，艺术得有时间感。——好像我说的是漫无边际的事情了，不，这是文字的问题。因为到了我的作品里，从我创作的那些形象中，我相信，若是用心去体验，是可以去领略具体内容的。

我想起了冬天的房间，这全是因为北方的缘故。南方人更多想到的是雨。北方屋子里冬天生着炉火，孩子们围着被子，有爸妈在身边，想一下那个季节会给你留下什么。——对了，一想起亲人，我就觉得自己在变小——你看我现在想起的事情，都是在小时候吧。故乡的情结大概就是这样，你必须是处于一种弱小的情况之下，如此才会产生对于环境的依赖。我认为故乡的本质是一种环境，它不是孤立的某些东西。应当承认的是，童年对任何一个人都是重要的，但于生活而言，童年或许只是模糊的感触。那么，我不该这样回忆下去吗？不该选择这些温柔的故事放在这里？也是现在我才觉得，人的感情不是预定的，它也没有顺序可言。事实是，所有成长的人，他们对于家乡都有一种割舍不断的近乎于痴迷的爱恋。这种感情的复杂，使得认识上也产生了丰富的内容。是的，家乡可以是一个地方，也可以是游弋的几个，但是，它不会是随心所欲可以改变的处境。现在我们总是告诉孩子，要他们有自信心，要他们不能碌碌无为。我们告诉他，人得有信仰，得有一个坚定的目标。其实你想，如果没有我们——没有"大人"们在身边的环境，我们要求的那些怎么实现？

我的家乡随着我的年龄它已经不在了。我们不能指着一个地方空空无物，然后却告诉别人"看！那是我的故乡"——多没意思呀！地块上的一个区域，对于陌生人而言能说明什么？我们不能像旅游那样，面对一个个景点消费自己。如果进一步地谈下去，家乡的概念，实际上并非具体所指，它所表达的是超乎现实之外的精神归宿。我们对一段生活的概括和认识，更多意义在于"家"的所为。这是最基础的人情，它维系着每一个人的利益，同时也在培养每一个人融入广泛的社会群体所具备的能力。现在我把话题弄得庸俗了，哎！真是没有办法。因为发生在自己身上的事情有许多还是难以出口的。难言的痛苦究竟如何对待？这样实在的问题太有诱惑了。从画家的角度来看，在作品里，他不会孤立地对待一件事情。还有个人的气质，所有的感受放进作品里，这也是无法避开的东西。

现在我就苦恼地想，看到我依据照片画的作品，你会猜出我的用心吗？如果是讨论问题，在互不相识的基础上，我也是愿意交流的。所以我把我的作品——那些绘画吧，现在也当作照片了，它在体现另一个层面——不易言说的真实。

使我伤感的是，现在我说话，我的爸妈倘若在场，我就不用担心了……其实他们并不关心我画了什么，他们只是需要我的存在，这与我小时候需要他们可能是一样的。——我妈就曾告诉我，她和我爸在冬天里拉着一个毛驴车，在寒天雪地去拾捡柴火和废品。我说别干了，多累呀。我妈说："你爸说了，不累；就是累了，站在那儿，往沈阳方向看看，想想咱三儿，就不累了。"听着的时候，我真是泪流满面。就是上个月，我碰到我们曾在一个画室画画的画家。三十多年没见面，我们没说几句，他就问："你爸他们怎么样？"随后就说出我刚讲的事情，因为那年从家里回来，我把这事告诉了他。我想，他一定也时常想起自己的亲人，在想自己的家，尽管每个人的情况不一样。

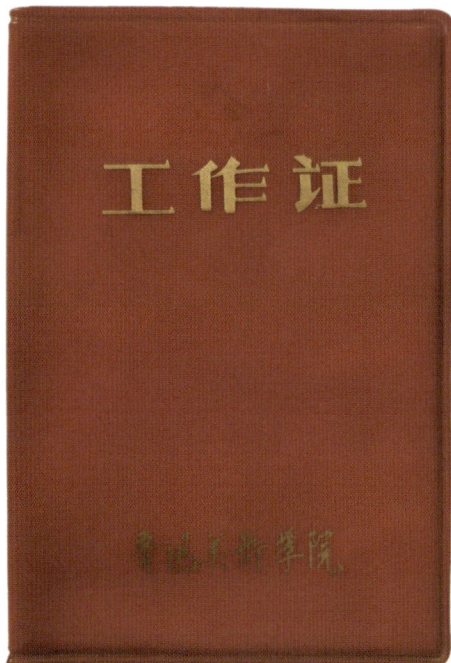

这是我在鲁迅美术学院工作证上的照片。照片旧了，但是上边有学校公章的"钢印"，对我来说，就变得意义非凡了。

　　我画《最后一拨修渠的公社社员》就是照片上的模样——那时候多年轻！如果不是看到这张照片，我把自己长什么样都给忘了。

　　其实那一次我下乡写生，也不能算作有什么想法，更不能说是艺术上有追求了。我只是按照大家知道的方式，懵懵懂懂地做着。也许是因为没有想很多，这在过后来看，画面上就多了一些自然和朴素。现在我意识到，绘画的过程像是成长，不经意间的收获，在很大程度上，它影响的是作品的质量。

　　我一个人，在严寒的冬天，在陌生的地方，没有朋友，没有什么可以交流的事情。这种情况，今天的画家可以想象吗？那么，还有更重要的东西促使我画下去？关于这个问题我无从知晓。画家在画面上留下了他所表达的内容，这是实在的生活，空洞的观念是支撑不了许久的。

一

最后一拨修渠的
公社社员

我是 1978 年于鲁迅美术学院毕业的。那时候人们对画家和绘画的看法与现在是不一样的。一般情况下，我们不说"画家"，我们说"美术工作者"。至于我呢，已经留在学校里做了老师，老师是职业，因为职业和绘画有关，所以就觉得绘画重要了。——画好画才是根本，所有学习绘画的都是这种心理。

我首先想的是要做一番事业，这不光是我有的念头，年轻人都会这样想。有一点可以强调一下，也因为是经历。20 世纪 80 年代是个很特殊的时期。稍稍关注社会的人都知道，那时候"文学热"的情况今天几乎不能想象。年轻人争着读书，争着看文学杂志，读小说，读诗歌，读文艺理论。恋爱的男女在一起的话题是聊文学。大家都对生活提出看法，都想做事情，想着"要把自己的故事放到哪里"的问题。

那时候，我们都信奉一个观点，即"生活是创作的源泉"，这当然没有错误。问题是我们把生活看得简单了，看得概念化了，好像绘画的题材不是发生在身边，要到乡下，到工厂里才可以找到。我一定是接受了这种看法，而且也愿意这样去做。那是到了 1979 年年底，利用"教师进修学习"的机会，我选择去辽西农村，打算在那里待上一段时间。之所以选择那里，我觉得是要说说的，因为它涉及我最初在创作上的追求。简单一点说，是因为那里穷困，穷困的地方自然条件都不好。那么，这就是我要去的理由。今天的画家会怎么看？我承认我的偏执，但是，这是那时候的普遍看法——大家都觉得富裕的地方没有画头，"吃苦才能出作品"。尽管这样的认识毫无根据，却是一代人的想法。如果我们查阅画家当时写的创作体会，很容易就能明了这种意思。是不是有着"伤痕文学"的影响？反正事情已经过去，就不纠缠了吧。那时我们还年轻，还处于想怎么干就怎么干的时候。

我在辽西的两个多月，画了一百多幅人物头像写生，都是八开纸的大小。我没有算上速写本里的作品。现在，我不认为这是在农村里的绘画练习，尽管这是当时的出发点。关于这个认识，是过了很长时间我才意识到的。由于学院教学影响，在绘画上，往往是把基础训练和创作分开来看。可是，我们继续往下想一步，

　　1979年冬天，建平县富山公社组织的修渠会战，很可能是人民公社最后一次"学习大寨"的集体劳动。所幸让我遇上了。我也从来没有从这个角度去考虑在那两个多月里的写生。现在我觉得这些作品有着其他创作不能取代的内容，它的特殊性是否也属于绘画的价值和意义呢？

　　这张照片是我在去修渠工地路上，富山公社文化站的站长赵文彦拍摄的。尽管照片模糊不清，倒是还能看出当时辽西农村的生活环境。我那时的情况，也是典型下乡画画的样子。

写生就是真的在画对象？过了我们脑子和手的，那画面就是别的了吧？我想表明的意思是，我们分析作品，还应该注意艺术家创作时的状态，他是以什么样的方式和态度对待创作的。

现在，我把那一次的写生和后来"大寨"的创作放在了一起，我要做的不是要确定什么，而是觉得绘画所表达的东西其实很多——它甚至不是在说明一种事情。绘画过程可能就是这样，你做了，却不知在做什么，那么，绘画就告诉了你，这是内心的感受——无法用其他方式表达的情绪我们见到了，这不会使你激动吗？我注意到这两次创作相隔了二十多年，怎么还是一样的途径？我的作品到底是真实的还是在虚构中？你可能会问这些问题，所以我又做了现在的工作，写下一些对于绘画的感想。我像是突然醒悟，也像得到的有点意外。

我在辽西画画的那些日子，正是遇到几个生产队的社员们集中在一起修建一条水渠，这在公社的劳动中，算是一项大的工程了。我每天和社员一样，早早就来到队部。我不记得那是哪个村子，那里离修渠工地很近。队部就是一个普通的农家院。房子面南，东西各有一屋。中间屋里有灶台，大锅里烧着水。那屋里很暖和，尽管开着门——也可能没有门。火炕非常热，哦，应该说"烫"。来得早的人，都愿意在热炕上躺一会儿，尤其是岁数大的，他们说那是享福呢。屋子里挤满了人，你无法听清他们说的是什么，大家都是喊着说话。那种声音夹着咳嗽——抽烟的实在太多，这也增加了屋子里的温度。后来我也去过别的地方，我都没有觉得哪个屋里比那里暖和。社员们休息的时候，有的人也回到那炕上，呼呼地睡一会儿。还有人围起来打扑克。我的写生，大部分都是在那屋里画的，有时候坐在炕上，有时候坐到地下的凳子上。

我记得那一天我画一个女社员，她不到二十岁吧，脸红红的，我以为她身体非常好。还有几个姑娘围着她，有说有笑的。可是，我画着画着，她就站不住了，大家赶紧把她扶到了炕上。她说胃疼。这时我看她头上有汗珠了，一颗一颗的。原来是早晨没有吃饭就来工地了，又干了一气活儿……那时候，农村的生活太粗糙，吃得简单，还糊弄，再加上活儿重，没有几个人身体不落下毛病的。参加这种"会战"，家比较远的社员得起早，不然就误工了。

有人说过，能看懂一幅画，就能看懂一个人。这应该是比较传统的一种观点。起初，我对这意思的理解总是有些似是而非。"绘画就是画嘛，扯那么远干什么？"但是你想，要是没有绘画的动力，也就没有了对于画家的要求，当然也就没有疑惑和烦恼。是的，照此看去，绘画就不会是轻松的事情了。我有了一些经历，上了年纪的时候，才有所领悟。

绘画这种事情的确特殊。一般的画家，开始都觉得要画得像并不困难。可是，画过一段时间了，你就会发现，所谓的掌握了绘画能力真的一点也不可靠。绘画过程几乎就是不停地修改着画面。这就说明，你很难把对象画得很像。我们都知道，这个像的标准又不是固定的。形象创造的完美在于画家的认识，随着画家的修养和趣味的改变，它也会发生变化。有意思的是，即使你的技艺提高了，也不一定就比从前画得更好。看起来"像"的标准是谁都说不出，又是谁都知道的。我们说，世界上没有两片一样的树叶。对于画家而言，画出每一片树叶的不一样才是重要的。

我在辽西画那些修水渠的社员，肯定与在学校里画模特儿不一样。除了他们自身的差别，是不是还存在于"在乡下画"的这种形式上？就我现在的情况，我已经无法记起当时了。何况记忆并非为自己掌控着。这样的说法有点抽象，可惜过去我没有发现。我联想到电视和手机上最近比较火的一档唱歌节目，我知道那属于娱乐，但我还是得借此谈一下我的问题。有一个团队——那是一次比赛，他们选择的是唱《国际歌》。男男女女都是唱流行歌的，而且也有名气，他们的能力和声音就不用说了。可是，我看现场的那种"沸腾"，忍不住要问："怎么了？""这是唱的什么？"唱《国际歌》是否应该对《国际歌》保持尊重，弄清《国际歌》究竟写了什么。现在是，这些都不存在了。只有我们的歌手，他们在唱自己的。歌手认为自己的风格是标识，它重要。这种事情的滑稽，当然也有环境问题。但是，我只说演唱者，他们对艺术有理解吗？再回到我的"乡下画写生"之中——为什么要去那里画？绘画不是画我们

修渠的公社社员（1）

修渠的公社社员（2）

修渠的公社社员（3）

梁岩杰
一九九上村

修渠的公社社员（4）

修渠的公社社员（5）　　　　　　　　修渠的公社社员（6）

修渠的公社社员（7）

修渠的公社社员（8）

修渠的公社社员（9）

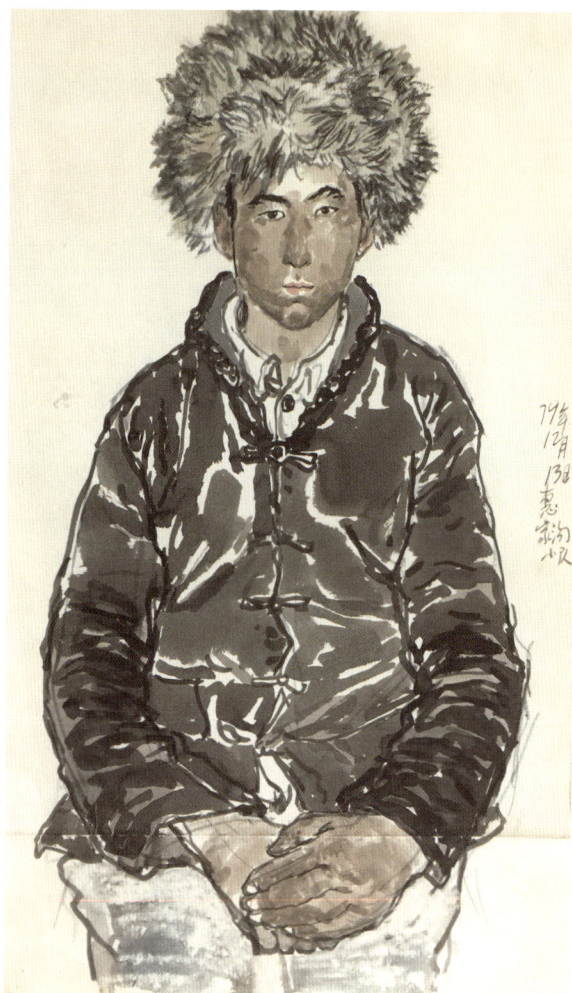

修渠的公社社员（10）

修渠的公社社员（11）

修渠的公社社员（12）

自己吗？就像那些歌手做的那样，时刻注意自己，生怕被别人给忘了，这显然是已经失败了。如果觉得修渠的社员身上的泥迹和我们没有关系，看到他们手上裂开的口子我们不疼，那就真的不该去那里了。

每个人都活在自己的世界里，我以为这不是真实的情况。有些时候我们需要做一些事情帮助自己。绘画、写作，还有唱歌，都是非常好的方式。没有人可以限制你在艺术方面的创作，但是面对着别人的作品我们阅读的时候，很容易就会发现，今天我们感到有意义、有价值的那部分内容，它与从前的要求是一样的。我们没有见过什么翻天覆地的变化，即使道德层面的判定也不过如此。个性是一种存在，艺术家把个性放在了作品里，这时候应该知晓：我们所表达的是对于现实生活的感受，否则作品就是无根之木。你不必一味顺从别人，但是，你的坚持不该是为了自己。从以往绘画的评论中，我们看到，谈及艺术语言的成就，都是与绘画的内容联系在一起的，而不是对传统的美德和美感的摧毁。

我很幸运。我在毕业之后的头一次进修就选择去了农村，以写生的方式丰富着自己。一个富有想法的年龄，我觉得是被种到了地里，尽管我不知道那是谁，为什么帮助我。我心里是感激的。

绘画之前的想法算是什么呢？我看到很多有成就的人说明，他们在这方面下的功夫很多。我不能，我算是没有准备就动手画的那一伙儿里的。我认为绘画没有一定规矩。我的经验告诉我，此时你觉得这样处理画面是一种错误，在另外的情况下，却可以是精彩。我是按照自己看到的来画画的。我没有办法将绘画时的所思所想告诉别人，说出来的还都有些模棱两可。你看我的写生，反映在画面上，就难说是画得顺畅。当时我画的那些男女社员，是非常具有感染力的一群人，可是现在让我说出对于他们的印象，天哪，无异于对我作品的判刑！作为记忆它已经消失了，我只能说，与绘画相关的东西已经进入作品之中，除此之外的故事还有意义吗？我把画面之外的一切，统统称为"环境"，这样说来它对于我的影响就可想而知了。

我们都像孤单寻找朋友的孩子，绘画是我们唯一可以信任的事情，那时候就是这样，它让我的生活充满了乐趣。

我没有想过画得好不好，也没有想到作品可以流传下去。我是在普通的图画纸上画着，使用的颜料也很一般。我只是画着，画着我自己感觉到并且是我相信的东西。我觉得画家没什么了不起，不像有人宣传的那样。我回忆一下，开始几天，我画画的时候有人围着，没过几天就没人看了。是呀，大家都是一样地生活，一样地劳动着。我这样说过也就清楚了，那是一段平静的日子，所谓的思考，是在这种行为的背后，发生在漫长的时间中。不可能是有人画一画我们就知道了真相的。

那是一段时间吧，你看，我没有记住具体的什么，却总在说"记住"，会使人费解吗？就是我在做一件事情，它已经成为我生活的一部分，这算是一种解答吧。不过你会发现，我们所涉及的内容都不是孤立的，所有的问题都缠绕在了一起。我也只是笼统地说了——在绘画上，除去技术和表现上的难度，还有比较重要的是对于绘画本质的认识。我不同意格外强调艺术的宣教意义，这不应该是我们需要它的全部理由。现在我想说的是作者，我不把艺术家看成是聪明在上的人群。作品的影响力是由多种因素造成的，有时我觉得是非人力所为。艺术家的素质和我们对于艺术品的兴趣，这是必须的条件，可以说它是天生的，也可以说它是实践的训练。艺术的创作过程，比如绘画，我体会到其实就是一种学习。作品的质量，体现艺术家追求什么，有了对于艺术的尊重，艺术才可以帮助我们。

绘画的探索和研究显然不在于空想。面对着一个一个参加修渠的社员，能想象我当时的心情吗？我回想着他们从落雪的地里归来，如同我也从那里归来一样。画下他们那一刻，我的想法跑得更远了。我享受着绘画的冲动……但是，我必须止于此处。记忆已经趋于模糊了，时间过了那么久，到底每一幅画如何开始、如何完成，仅凭回忆怎么可以说下去？我想，忘记的就忘记吧，这似乎更好。记忆这种东西，从根本上说，它不是客观的，依稀想起点什么

修渠的公社社员（13）

修渠的公社社员（14）

修渠的公社社员（15）

宋彩云
79
12
12

修渠的公社社员（16）

修渠的公社社员（17）

修渠的公社社员（18）

修渠的公社社员（19）

修渠的公社社员（20）

79.12.13

修渠的公社社员（21）

修渠的公社社员（22）

修渠的公社社员（23）

修渠的公社社员（24）

不能算作凭据。把想象留给画面，也就是给了真诚。

在实际生活里，绘画是被忽略的。没有人知道绘画是为了什么。我怀疑学校里讲的美术史课程。书上说，辽西的民间美术十分发达，可是我一点也没有体会到。或许我在那儿待的时间不够长，人不熟，加上我又不善言辞。我整天背着画夹子和一个军挎包，也是风里来去——大家过的是一样的生活，一样面对着劳动。那时我真切体会到了什么叫朴实和老诚。那些社员，我回想他们，每天就是出工劳动。因为修渠工地离家远，他们得起早贪黑，中午带着饭盒，里面塞着不像样的饭菜。所谓的菜可能就是一截腌萝卜。家里没有饭盒的，就用一块布包着吃的。现在，每当看见营养师们讲吃粗粮和食材粗加工的好处，我就有点想笑。他们没人把我看成外人，这一点我可以觉察到，但是他们也没有想到，和我可以做朋友。

我住在公社大院的一间房子里，每天也是早早起来，中午不吃饭，我是没法带饭的。过了下午比他们早一点回去，公社食堂开饭比他们收工早，而且我还得走路。那些社员没人问我什么。对于我画的东西，我看他们也没有实际的兴趣。至于我去不去工地，关系就更是不大了。他们把我也看成是村里人，谁都有自己的活儿，我不是在忙着自己的吗？没有人对我特殊照顾，可是，你想画谁就画谁，实际上我就有了方便。我想画了，当然我也得找到可以画的，比如他闲在那儿，或者我们搭上话了，很容易的，就会静静地坐下来给你画。有时谁看到我注意他了，他就保持着姿势挺一会儿……真是美妙的生活！从那次以后，我再也没有遇到那种情况。这一切方便，应该感谢公社文化站的站长，有时他陪着我，是他介绍我去的。我拿着学校的介绍信，有公社的人一块儿做的事，就一定是"公事"了。我想，那时候社员们一定是这样看的。而我也觉得，我画画不是为了自己，可是为了谁，我总是说不清楚。

这与现在的画家写生有着很大的不同，好像谁都知道其中的目的。现在画家的讲究，我听着都目瞪口呆——首先是那套绘画的工具，哦，叫器材了，画箱、画架，还有坐着的画凳，连装笔都有不同的袋子。据说有的画家下乡得找人撑伞，无论刮风下雨还是日晒，画家都不用着急。还有为了画一幅画，竟在野地里支起了帐篷……这种天壤之别，其实也是绘画的差别。在对绘画品质的认识这方面，是没有人可以撒谎的。

有时候我也奇怪，我们都说艺术无用，关于这方面的书籍，仅是一个出版社出版的，就够我们翻阅一生了，实在是太多太多。另一种情况是，虽然有着很方便接触艺术的机会，我们却与它渐行渐远。有人理解我的这种不安吗？不会有很多人吧？这是今天的现实。艺术创作已经成了到处吵嚷、到处炫耀的工作，这是一个伤感的话题，使人无奈……艺术作品的生存与发展，就像大自然中的物种，每一天都有可能消失一些，只不过是进程被我们忽略了。那个时候我还不能看到这一点。

我努力地画着。我相信自己诚挚不二的态度，他们——那些修渠的农民也看到了。哎，不要以为只有我们敏感。我们得尊重农民，他们什么都看到了。也是心知肚明，我们都在尽心地做着自己的事情。那是一些简单的日子。

每当我想起那样的生活心里就热。我一张接一张地画，我就是画着。也是因为没有干扰，我才画了那么多。

绘画实际是非常古老的一种生活方式。原始人类就把自己的生活和对生活的认识画到了洞穴的墙壁上。从那时起，绘画世界的大门就打开了。在以后漫长的时间里，绘画一直是以自己的方式参与着人们的生活。这是一件了不起的事情。想象一下，我们在矛盾重重的现实之中辟出了一块精神之地，使激情、想象、梦幻都变成了一种实在，尽管这种浪漫和自在是有限的行为，但是它消除了现实的束缚，使粗鄙的劳动在人们心中生出光芒。

面对一件绘画作品，就像在读一本小说。阅读的过程，是要把个人的生活经验放到艺术作品的形象里。如果作品不能与我们产生共鸣，这件作品对于我们就没有意义了。这是一个十分严肃的问题。是的，我在那片田地上来来回回，内心感受到的也是那里一段段的故事，它的内容繁杂，每个人想要看到的总还是自己需要的东西。

修渠的公社社员（26）

修渠的公社社员（25）

修渠的公社社员（27）

修渠的公社社员（28）

修渠的公社社员（29）

修渠的公社社员（30）

修渠的公社社员（31）

修渠的公社社员（32）

修渠的公社社员（33）

修渠的公社社员（34）

修渠的公社社员（35）

修渠的公社社员（36）

我们欣赏画家塑造的形象，像欣赏其他艺术一样。像在电影院看一部时长两小时的电影：在黑暗中，我们把自己放在了那个时间里。我们知道那是一种暂时。但是，你知道会遇到什么吗？在不知道会遇到什么的情况下就把心思放在了那里，这是很具体的一种关系。艺术家总是把创作时候的处境也说成黑暗，这不是社会学的意思。它是一种比喻、一种形容，是说自己心情的。——有人在绘画或者写作时一直处于欢乐的状态吗？不，他是在寻找，他是在等待。如果不是这种情况，他的作品会是另一类的东西。

你要建立新的语言——这是夸张的说法。艺术的本质不是"新"，只是"你的"，是你自己的感觉。因为新的人群来临了——比如现在见到我的这些作品的人，有一些肯定是没有见识到我画的那个时间里的生活。他们是谁？他们会是什么感觉？说实话，我很担心。对于一件作品的相遇和相知，其间存在着缘分，无论我如何地投入和说着真诚，在接受者这一方面，一定会有冲突和矛盾发生。我愿意在现在的情况之下，大家仍然对从前的生活有一些兴趣。

但是，如何使大家喜欢，可能不是我的工作。我创作了作品就够了，而不是还得去做讨好的事情。

我在辽西写生那一段生活，也锻炼了我"独处"一隅的能力，日后我竟是独来独往了。虽然这种状态不是我的选择，可是我选择了一个人去偏僻地方，实际上就选择了结果。2014年在中国美术馆，我的"这片地呀"画展的研讨会上，一位理论研究者的发言使我吃惊。那是一位女士，她说的大意是：很多年前就看见过我的画展，从内容和形式来说，当时她都没有在意。原因她也做了解释，那个年代大家都在搞新潮，在中国画方面，新文人画正在兴起。单看题材，她说我的画就已经老旧，更不用说形式了。"可是，到现在他还在那样地画，还画一样的内容，今天竟引起了大家的关注，我们怎么认识这个问题？"我得说，这是一个事实；可是我还得说，这也许不是一个事实。因为我只能画自己感受到的事情。我愿意把画面放在眼前，即使画着同一个题材，我也觉得没关系。何况十几年前的我和现在的我已经不是一回事了。每一段时间里都会有人落寞，所谓的繁荣也许只是假象——大家一同追逐潮流而获得欢乐，这种事情每天都在发生。到底以什么样的方式见到自己？如果自己觉得是在做自己需要做的事情，不就是正确的选择吗？

我说过，我视他们如父兄，这不是庸俗的套话。一片土地的亲缘证明了我们的关系。不用再进一步去做解释。没有了绘画上别的企图，比较重要的就是画得怎么样了。一个画面和一篇文章一样，文章不会因为加上了正确的观点和无可挑剔的标点符号就变得优秀。绘画也如此，画家不是在做标准的习题。事实上，我只是在画，我在描绘那些人所给我的印象——这是独属于我的感受。我与被画的那些人并没有太多交流，是那种随便说着什么同时就在画的。现在，有人会觉得，画修渠社员本身就是内容，可在开始我一点也没有这方面的想法，只是遇上他们的这一次劳动。如果是其他的事情呢，我想，我仍然会有兴趣。如此说来，这些画是在画完之后，过去了很长时间，我在回头看的时候，又见到了它的内容。是时间给予了它意义，我的那段写生，因之就显得不平淡了。

画面上的想法仅仅是在当时出现的，现在我关注的应该是那一刻的感受。我觉得珍贵的是一张张脸孔的陌生。是的，即使最熟悉的人，你也会在某个时刻看到他的陌生——这会使我产生许多奇异的念头。我完全被那些形象感染了。我依稀觉得有一些我不知道的"他们"在等着我……啊，我想画下来的是他们要告诉我什么的。而在实际中，每个时代都有自己的一些内容，只是我们生活在其中难以看清楚，这是最想不到的遗憾。

那个时候拍照片并不方便。如果像今天这样，我一定会拍的，而不是去画。——这成全了我，也是命运吧，它使我拥有了这份特殊的记忆。值得注意的是，我一直以为它不重要，可是却被我保存着，谁可以告诉我这其中的秘密？它可以使我走得很远，它可以使迷失的那部分东西重新回到眼前。当我明白自己做了什么，现在就是这种情况，我的心里又生出了恐慌。我总在想我画的形象，它是真实的吗？还有，它与照片不同，照片在今天已经大行其道了，那么，我们所做的意义呢——我问自己。我们说，创作是个人的行为，却不等于在说自

修渠的公社社员（37）

修渠的公社社员（38）

修渠的公社社员（39）

修渠的公社社员（40）

己的私事。每一个画面实际上都在讲述——它是面对你的。作为画家仅仅就是记录者？我非常在意"现场"的这种感觉。我不能将某一个画面简单归为一个内容。现在我强调从前的写生是一件作品，正是因为看到了它的具体情况，那时候的时间背景和我绘画的态度也就随之呈现了。创作是在表现不同时间里的生活——比如今天，无论怎样我都无法回到当年那种情境之下，那么，面对画面也就是面对着许许多多人物。我已经想不起当时我要达到什么目的——确切地说，我对自己从前的单纯深信不疑。但是，我得强调另一个事实，在我身上并没有什么坚定的信念，我画那些作品也不是出于坚持——一切都源于绘画对我的吸引。

我愿意大家相信，我画在画面上的都是真实的东西。我在画我眼前见到的形象。我没有想到改变什么。我心头只是偶尔掠过焦虑，尽管它并不明确。或许这是一种环境问题。现在想来，那时候中国大地上正在发生巨变。

艺术评论往往倾向于主题性的研究，以便使某一内容明确起来。而我在那些平常人的堆里，脑子里想的也就变得平常了。我没有想到未来，这是当时的情况。值得回味的是，在那之后的很多夜晚，我都有一样的梦反复出现。可能是太孤单了，梦里我就是走呀……我一个人住在公社的一间房子里，这与我从前在农场住的宿舍一样。公社有前后两排房子组成的院子，到了晚上，过了广播时间就没人了。我的房前是一条公路，中间隔起一段，虽然没有种什么，却也像农家的园子。

因为是在冬天，院子里空空的，围着墙，有一排高高的杨树。夜里没有路灯，四周漆黑一片。那是很静的一段时间，我没有听到过狗叫。公社的房子是孤零零的，与村庄有着一定的距离。

我每天都在画着，我和那些出工的社员一样。

我把这些画摆在了画室的地板上，我看着它们。现在，你也在这本书里看到了它们。它们排列在一起，像许多照片，不过应该是没有顺序，谁都可以在哪里出现。我不曾和谁说过这些想法，可是，它们就在那里，作为形象它

修渠的公社社员（41）

修渠的公社社员（42）

们已经存在了。有意思的是，这些画过了四十多年，又以从前的方式出现了。

每个人都想摆脱往日的迟钝，可是今天也许还在迟钝里。我知道，一个人如果几日不见可能没有什么。几年呢？单是容貌就会使朋友惊奇了——啊，是你！你相信这是真话吧？其中已经包含了不确定的内容。现在是，我带着变化了的模样来看没有变化的事情，我想努力从那些画面上看到这样做的答案，但是没有，从前仍然是从前的。

啊，我想起了写这些文字的初衷。相对来说，人们回顾以往是相信照片的。不过，我觉得，人的心情似乎更重要。我戴上花镜，再看从前，我感到都不是一个季节了。记忆中的路，已经那么遥远了。

——我还是想把这些画当作照片的。我端详着那些人，脸的轮廓，眼睛、鼻子还有嘴，轮廓清晰。我总想照着那些样子再画几笔。画家都说，他们画的不是轮廓，而是实质。实质的东西是不容易被毁掉的。可是，我看不见实质。

我的这些画，其实都是随手画下的，就像按着照相机的快门，随时都可以按下。我没有特别地去追求什么。我一个人在那里，单凭着眼睛。那时候我还年轻，又是在一个偏僻的环境里——没有见过世面的地方，和我画的那些人一样。我们没有见过世面。

我在我的画前来回走动。我看到了一种情绪，它可能不属于我。像我这个年龄的人，若是绘画爱好者，一定有机会参加绘画学习班。那时候的文化馆，从县里的到省里的总在张罗这种事情。我在那种班上学习，我们许多人是不关心潮流和时尚的，这与后来有人介绍的情况不同。也可能我的情况算作个别，即使今天也仍然如此。我关心的是绘画，我总在想怎么样可以把画画好。记得我到学校学习，老师领着我们去博物馆看画，然后就在那里开讨论会，大家都要发言。面对领导和专家，我说的就是："你看我们怎么画吧！"言语间透着急切。我所以记得清楚，是因为从博物馆出来，一个要好的同学攥着我的手，小声说："你咋能那么说话？净说画画的事，一点不谈政治，影响多不好！"

于是我就感到，我犯了错误吧？所幸的是，没有人拿我那话当回事。

绘画对于形象的描述其实很有力量，它很具体。其他方式不好说明的，在绘画上一看便知。我把我的想法放在了画面的形象之上，我希望它像照片，是借助图像说明真实的意义，希望它能承担责任。现在你看到的这些人物写生，有些类似绘画之中的"肖像"。我深信不疑的是，如果有一天，我们需要面对什么，这些画面可以作为证词：它们是一个年代里普通农民的"非常"留影。在那些社员的脸上，时间的痕迹，人性中的善良和忍耐，你细细看去，都会有所显现的。

现在我写的可以看作是那时写生的注释，我觉得它很重要。可是，写着的时候，我心里还是有些忐忑。我的这些写生，没有通常说的绘画创作上的目的。我选择到辽西写生，本身就是一种冲动。我为难的是如何复原自己那一刻的情绪。简单说吧，我没有考虑绘画还有其他的方式。这样的说法，今天听来，你会觉得是简单吧？哦，说实话，我还是羡慕那样一种状态的。我羡慕年轻，羡慕那时候的自己。二十几岁的年纪，做起事情是什么也不顾忌的。我所以没有在当初美术学习班说的那条路上走，我想是因为兴趣，还有就是我赶上了思想艺术界"风向有点变"的时期。那一次，我没有想到要表现什么，也不是为了收集创作素材，仅仅是想去便去了那里，是不是显得有些个别？是的，这些内容已经消失了，我也不能对此过分地回忆，那样很容易产生经验中的"油腻"。我只能说，我无法像那些优秀画家所介绍的情况，他们下乡交了许多朋友，和某一个地方有着一生的来往……

我从辽西回到学校，我把画的画在一间空教室里摆上——这是我进修期间的成果，我得向领导和系里汇报。我的一位老师，他是主要领导也是一位教授。他给我提的意见就是："你要加强和农民的感情呀！"他可能看出了问题，也可能是没话找话。不过，我觉得那话的意思还是亲切的，而且我知道他希望我好。

我的那次写生比较来看也还是特殊的，这么些年里也仅仅只有"那一次"。在此之后的教学下乡和各种名目的深入生活都不能与"那

修渠的公社社员（43）

修渠的公社社员（44）

修渠的公社社员（45）

修渠的公社社员（46）

修渠的公社社员（47）

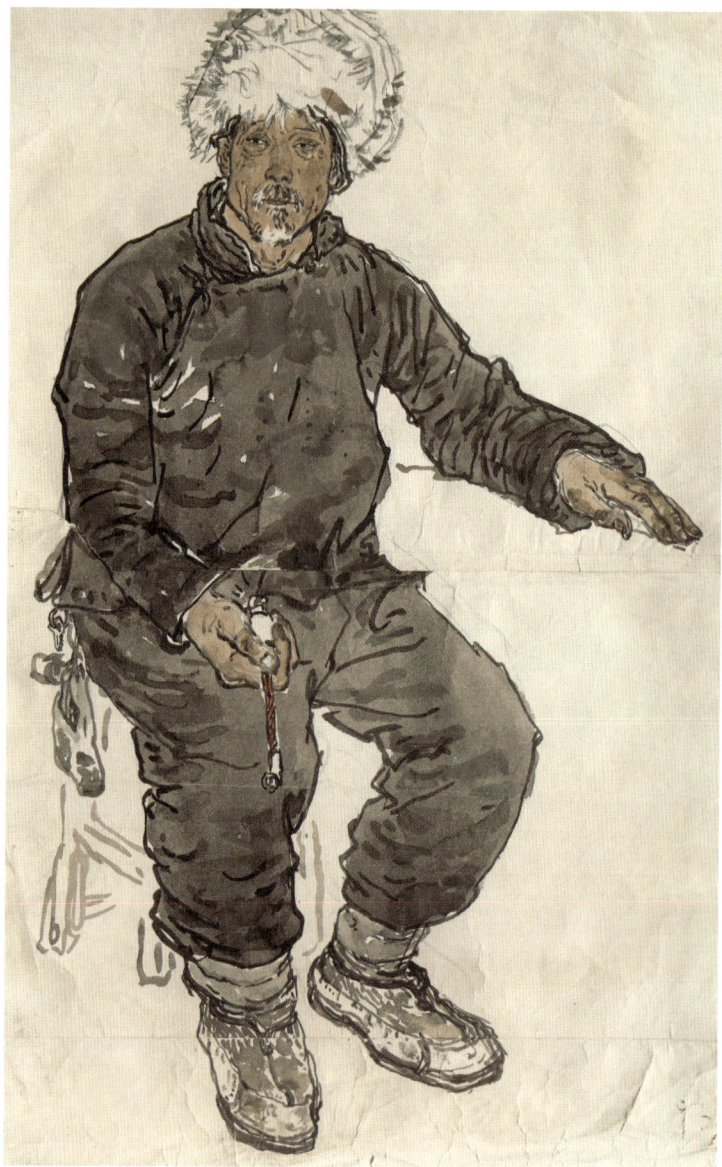

修渠的公社社员（48）

一次"相比。——那一次的非同寻常，还在于恰巧我遇上了公社的"修渠会战"。而在那之后"学大寨"的运动也就停止了，再也没有几个生产大队的社员组织在一起那样大规模的劳动。这最后的一次修渠劳动和我从前参加的相比有点松散，倒是符合我当时绘画的心情。没有锣鼓喧天红旗飘扬的场面。每天大家都像蚂蚁一样悄无声息地来去——这或许更接近劳动的本质。

实际上，中国社会在发生着根本性的变化。这种情况在今天谁都清楚。可是当时呢？我怎么会想到这些？所幸的是，在那种不知情中我参加了社员们的修渠劳动。我没有压力，也没有紧张、压迫之感。你看我的绘画是不是从容和平静的？我在我的生活里、在我目力所及的范围内做着我的事情。

有多少人能理解这种认识？实际上到今天为止，我也没有察觉其中的问题。也许艺术创作本来就是没有计划的事情，也没有固定的道路，没有唯一的不可改变的方式。它只是生活。只是偶然间我们遇见了什么。比如现在，在一个广场上，在一条马路上，你出现了。这就是你的经历。就算有一天我们忘记了，忘记了某一个生活的情节，忘记了时间，作为画面，那种形象会证明你的存在，或者它又改变了你的存在。总之，我是想说，形象在创造历史。历史不是一些概念。形象使我们又一次遇到往事，回到曾经的情景之中。这是创作，这是生机勃勃的东西，只要你相信。

这些作品我没有拿出来参加过展览，它们甚至也没有见过什么人。只是在我家里，在我搬家、收拾房间等偶然的情况下，它与谁见过面的。是为数不多的几个人。不过，这一次不一样了。这是我的变化。我得严肃点——我在做着自己年轻时候没有明确的事情。现在就算是我的声明吧。我把这些作品也展示出来，在这里，是第一次，是这些作品第一次以这样的方式摆在了一起。——哈！是图片？或者说照片？你知道画家是反对没有原作的展览的。没有关系。这首先的一次是集体的合影，也是每个人的身份照片。你看，画上大多写了名字，有的是社员自己的签名，有的是我为他们"代签"的。重要的是还有他们生存的信息："岔不岔北队""双庙子生产队""青峰二队""涝泥塘子东队""小榆树沟队""郭太河沟"……这是他们劳动的单位，也是他们生活的村庄。这些村庄还在吗？——也许消失了，也许改了名字。我想，那些人，那些社员会在的。年轻的那些社员会在的，不过，一定是另一种样子了。

无论是哪种情况，我都不应该想得太多。那些签名，是一个时代唯一的证明，一个具体的证明。现在我有些后悔了。因为我意识到，如果当时我请每个人都认真地写上自己的名字，再写上自己的村庄和家庭成员的名字，那该有多好！他们——那些人民公社的社员已经成为历史，他们的名字就是留在社会之中的痕迹——一个时代的痕迹。这种痕迹在今天，以普通人的眼光来看，也是十分珍贵的。

哎！生活就是生活……生活不是按照导演的想法拍的电影。生活本身也不可能有脚本可言。一切都是朦朦胧胧的存在。对于一件事情，你不能说这就是开始，不，你不能……生活也是没有结局的。

现在我做的其实只是整理一种材料，我在试着把我遇到的那种情况保留下来。

我不认为一个人可以随时都找到朋友，因此对于曾经的生活我感慨就多。就像现在我看到自己画的那些画面，难免会想起我画过的那些人。啊，多么单纯的一群人呀！这一点，从面孔上是可以看出的。我在那里那么些天，和有的人也说过一些事情。在我的记忆里，没有人说起明天要做什么，好像这种事情有人给安排好了。他们朴素至极，这样的人群恐怕没有了……面对着这种单纯，我牵肠挂肚，我总想知道他们现在的情况："喂，朋友，你在哪儿？你现在过得怎么样？"

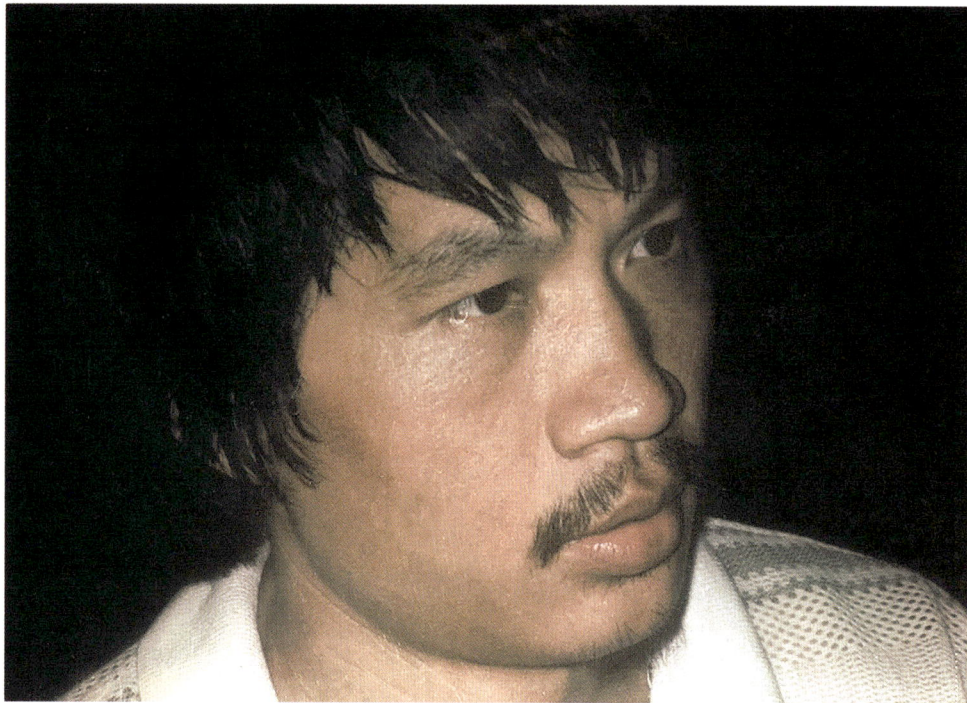

　　这是在辽宁美术出版社的一次会议上，一位老记者拍的。我忘记了是什么会议，更是忘记了在听什么事情。那个时候，我曾画过一些连环画。短篇的作品发表在《连环画报》上，而单行本，那种长一些的，都得是出版社出版。连环画是以讲故事为主，那种情节性的构图，我得说，是画连环画给了我许多帮助。因此到了今天，我仍然是很感谢出版的。《我路过的地方》是一个系列作品，虽然不是连环画，可在我画的过程中，经常把一些故事填充进去。因为那些篱笆、房舍和小路，到处都是人的生活痕迹，而只有表现这些，那种"静物般"的画面，才可以成为永恒。一个人的心情会是与某种情况下的环境相像。这张照片使我想起了当时的环境，环境之中的"可见"与"不可见"是我们不断思考的重要命题。

　　我们对家乡的认识，总是充满温情的。诗意不是飘浮的东西，它存在于人的记忆里。一个人陷入无家可归的状态，可能是最为痛苦的。人的生活实际就是给予人的行为以力量和高尚，因此"还乡"常常成为诗人吟唱的主题。但是，记忆不是工具，记忆必须是真实的感受，还乡表述的故事，我们看到，往往是在返回亲人的恋情上。

二

北方形象

每一次说出我是农村长大的心里都很沉。近些年这感觉更重了。我依稀觉得，农村离我远了……现在偶尔去了那里，我看到的都是陌生。农村不是我的农村，我为此而发慌。我不愿把我的作品称为农村题材的作品。艺术创作不是孤立地表述某件事情，作品展现的内容也不仅仅是我们看到的表面。

不过，有些事情得说明。我二十多岁前都是在农村的，在那里跑，在那里玩，在那里上学。那里是我的家。我也奇怪：为什么我总以那时候的感觉来看农村的现在？从前是什么？从前的日子没有编造的谎言吗？

我知道这并不正确。只是我没法结束它。

坐在阳光中，坐在山的半坡上——那山本来就不高，只是个"大坡"吧，在那里看我们村庄，一眼是看不全的。我们村庄很大，在我眼睛里每一次看到的都是局部。屁股挨着土地，土地上长着草，草不是今天城里绿化的样子，它稀稀疏疏。嗅着泥土的气息，草和我，我们的身上也是泥土的气息。初春时节其实很静的。如果你不走近村庄，是听不到鸭子和鸡叫的。狗的叫声，也是飘在空气里，并不实在。空旷的田地上，你可以远眺一直到天边。你可以坐到很久。小时候就是这样：我拿着筐，挖着野菜，等筐里有了足够的野菜，我就开始坐着。现在我明白，促使人多思的是土地，不是我们自己。

是啊，我怕夜晚。这是源于土地上的记忆。夜晚常使我想起乡间路旁的坟，坟的周围长着草。那些坟都是没人照料的，坟头平平，坟包也是塌陷的。在我的印象中，我们村庄的周围很少有坟是像样的，除了新坟。这反倒使我恐怖，因为你不会知道里边的情况，剩下的就是胡乱地想了——我觉得那里总有不知道的东西出没。整个童年我都是这样想。我第一次看见坟，记忆里是六岁左右。我妈领着我们去地里拾柴，那天还有我二哥。我看见了一座坟在那儿，高兴地扑了上去，边跑还边喊："啊……小山包！"我妈慌忙喊着，声音有点严厉："快下来！那里不兴爬！"在很长时间里我都不懂为什么。只是慢慢地，也不知从哪儿获得的知识，我觉得坟有些可怕了，也知道那里还躺着一个人。村里人把什么不好的事情都怨在那里。比如身上起了风疹，一般都会说："呀，这是'鬼风疙瘩'！"说是你不小心走了坟边的路，那里不是活人走的。这种话听多了，心里难免产生恐惧。后来我离开了农村，我也长大了，心里没有了从前那种害怕。有意思的是，反倒对可怕的故事有了兴趣。偶尔回到乡间，有人讲起类似的什么，我总是凑近去听。现在我想，我害怕的也许不是黑夜，我害怕的是看不到的东西。

这里放了几张照片，是1984年我和另外两位朋友下乡，在吉林和黑龙江农村拍的。这一次我有了相机。我们几个都有。我们拍了一些照片。我不多说什么，那时候的情况，你看照片，也就了解了。照片拍得很节省，我们用的是胶卷。要是现在就好了，手机多方便哪！你可以使劲去拍，尽情去拍——没看见街上女孩子举着手机，走一路拍一路？我很羡慕那种状态：一个人眼里的自己能有那么好看。那时我们不是这样。我记得回来后，是在我家的厕所，我把窗户和门堵上，临时做了一个暗房。那暗房太小了，我只能蹲着窝在那儿，一待一整天。

我们拍的照片有三百多张，但是，我告诉你，没有一张拍的是我们自己。便是仅有的不知在哪座庙前的合影，也是把人拍得很小。我们是三个人，而且每个人都有照相机，在近一个月的时间里，没有留下"镜头"，这种失误算不算好笑？

我拍的照片都是环境。我已说过，这是吉林和黑龙江的农村。我把这些照片放到这本书里，作为我的生活的一种证明，是的，这是我故意为之。我不能在这本书里全部使用我的私人照片。一个人怎么会有足够的照片撑起生活经历？偶尔到了一个地方，你留下了纪念照片，能说明什么呢？实际上，我们所谈的经历已经是过去，你看到它，想起的是一种生活。这样复杂的内容凭着几张照片就可以得到？我没这样的自信。事实上，我也没有那样的照片。

那个时候我对这些照片十分钟情，我利用它作为素材，创作了系列作品《我路过的地方》。这些作品画画停停，大小也不一致。从1985年开始，延续了五年。我在创作伊始，首先想的就是怎么画，这是一个难题。它不是大家熟悉的山水，却是大家熟悉的环境。我想使

　　这些照片是 1984 年我去吉林和黑龙江农村拍的，纯粹是环境素材。今天来看这曾经的存在会是什么心情呢？所幸的是我依据这些照片又画出一些——我们说作品吧，那又是为了什么？我只想问，这是谁的安排？难道创作的力量真的就是一种神秘的存在？

我的创作能给人留下印象，首要的问题就是加工照片。到了今天，我要把当时的想法告诉大家，这很麻烦，因为我没有写作的准备，一个字的记录也没有。

所以，我先得写上一笔，不能把这些照片视为照片的，它是我生存环境的一种证明。这一次，我在那些照片里找来找去，就是在寻找证明。当然，对此我心中还有另一个想法：那些照片是我拍的，我拿着照相机，那里就有我了。

我的经历非常普通，像我的家庭和村庄一样普通。我认为也是这点成全了我。没有见过世面，正好可以老实地做着自己。把这意思说得再朴素一点，就是画眼睛见到的，而不再考虑其他。我这样说过，相信你也不会有什么印象。有了照片就好了，照片是靠着形象说话。形象自身的讲述看起来还是有趣的，它不提供答案，可又把结果给了你。现在，我把我的创作放置到我生活过的村庄里，我只能这样。那时候，我没有考虑过绘画的历史、绘画传统、绘画的道路和种种风格的线索，我只是觉得，

绘画创作是非常具体的生活。因此我觉得画面本身是零碎的、没有规律可言的现实片段，它是一片一片的记忆，有些时候它是孤立的，有些时候它又与别的什么连缀在一起。我们总要别人相信自己是怎样的一个人，在画家看来，没有必要，你只要拿起笔，不去顾及虚荣和羞耻心就行了。

近些年里，我隐约感到农村生活的重要性，可能又有些生不逢时了，这也是来自现实生活的影响。其实，每一年我几乎都去农村的，但是有些时候也真是没动脑子。有一次我在田地里和农民闲聊，我看到他手中的工具就拿过来摆弄，尴尬随即发生：我不知那玩意儿是做什么的，更不用说如何使用了。——怎么还说自己是在土地上长大的呢？我们不去想农具变化的理由，我们想消失的一些东西的珍贵，这或许也是我看到从前自己作品的感慨。不过，伤感和时间一样，它们总是同时站在那里。

我对村庄有感情。我认为村庄就是一个大房子，有四围和顶盖，它是有边界的。它只是与土地有关。现在呢，村庄的生活已经发生变化，有谁还能见到一个村子的人围在一棵柳树

下，大家在做着各自的事情？有给孩子整理衣服、擦屁股的，有摘豆角和削土豆皮的，有在那儿望天的，有在那儿打情骂俏说着没有边际的话的，还有小学生把家里的板凳搬到树下，在那儿写作业……没有了，这些你不可能再见到。——这是多么可怕的事情。生活改变了，接下来的问题是：我是什么？

人的情绪是由具体的环境里生出的，我们没有办法改变它。

那是一片土地，一望无际的土地。还有历史。

关于这些，我们见过不少人花费笔墨，他们是为了什么？最糟糕的是，现在有人推出了"乡村农舍"的旅游项目。是呀，孩子们去了，一家人都可以放心地去了——我再说一次从前吧——我的一个朋友，他告诉我，有一年他和妻子领着孩子去了乡下，那是他弟弟家，弟弟是区里的一个干部，条件应该是很好的。可是，住了一宿就赶紧回来了。你一听原因，也觉得是必须回来的——他六七岁的儿子在农村叔叔家的茅坑里拉不出屎。这是二十多年前的事情。我想，"民宿旅游"一定会解决茅坑的问题，但

是，那不是村庄的生活了，那只是有些特点的另类游乐场。

我看到有些人在抱怨，其实也是在宣告：我们被土地抛弃了！该为这种情况大笑还是不安？没有人来告诉我。我在田垄上走着。我与多年的朋友谈起土地，我们竟是不明白土地上的话语了。

乡间的老哥告诉我——这是最近遇到的事情——春天他就要搬到城里，不是他一个人，一家人，是全村都搬走。他家里也只有两个人，另一个是他妈。他摇头看着土地：现在看不懂了……村庄里没有几户人家，年轻的都去城里打工，村民也只剩下老的了。

我见不到村庄了。它已经消失了。我知道，在我离开的那一刻，它就消失了。

我把曾经的爱放在了土地里，这不是某个人的感受。千万村民的庄重，如今凝聚一片野花。我们似乎进入了巨大无奈之中……在看起来什么都清楚的时候，其实自己正在被误读。

我们能相信曾经的生活吗？永远相信？我们依附的感情不会是太阳、月亮那样明亮的东

西。我们依附在土地之上，那是一种温暖——在寒冷的季节，我们腋下夹着一本书。也像是图书馆里，我们沉浸在人类创造的故事之中。那可能是一个角落，但是它会熠熠生辉的。

土地上绿油油的，一如从前。

还要经历多少这样的日子？会不会有另外的结局？我不知如何去想了。我看到的竟然像虚幻的故事。现在是只有回忆了，在回忆里，我才体会到了真实的存在。

我在六年级的时候，去离我家十五里的姨家。我挎着一个筐，筐里有五只猫崽，我是为它们找妈妈的——我家养的猫在生崽后的第五天被小孩儿给打死了。我买了饼干泡水，天天往几个猫崽的嘴里塞，嗨，居然都活了！在第七天的时候我给它们掰开了眼睛……那情况挺惨的……猫崽浑身都被饼干给浆住了。听说姨家的猫只生了一只崽，没几天猫崽就死了，我妈说："把咱家猫崽送去，看看那猫养活不？"

到了姨家已是下午。姨家院子里有个炉子，她用小砂锅给我炒了一个鸡蛋。一碗饭的工夫，再看我那几只猫崽，它们吃足了奶，偎在大猫肚子下睡了，身上的毛已经被大猫舔得干干净净。这事情我记得十分牢固。这是独属于村庄的故事，看起来也没有实际的意义，但是却让我给记住了。如今的猫肯定不是我那种养法，而姨家的院子里用泥垒砌的炉子，你更是难以见到。还有，我给猫崽找妈妈的路是那么的远。

我把那一次拍的照片放在了这里。这不是全部。怎么可能是全部呢？照片其实也没有经过严格的挑选，因为我没标准。这与我在乡下拍的时候一样，我只是拍，只是调好焦距，然后按下快门。——生活中的环境到处都可以拍的，你无法断定哪个地方没有发生过事情。

我的记忆似乎停止在从前，这是明显的思维上的错误。我知道，我得克服它。其实，我已经做了，只是我不知明天的样子。明天怎么说？我有点担心。哎，还是想到什么就说什么，是真话就行。我愿意总是写下过去的温暖，还有爱，这是最值得怀念的。如果可以记录下内心所想，我就心有所依。我紧紧地把感情攥在手里，我得抓住它。

这样做需要理由吗？就像我们离开村

庄——多么遗憾呀！可是得离开。是的，无法解决的事情，现实中，也许还是放下的好。这是一种冷静的方式，除此之外，你还有更好的办法吗？问题就是一口枯井，深得不可测量。你想一下，即使还在村庄的人，有谁会意识到幸福？改变是一种自然的结局。

时间流逝，一说这话，我就想起家乡的黄昏，那是最动人的黄昏。一群牛羊，"哞哞""咩咩"地叫着，带着它们独特的步伐，奔跑着回家。夕阳斜照在它们身上，宛若另一个天地中的情景，像刚刚开始的演出，也像即将结束的电影。每到那一刻，我都呆呆地看着。我不知道我要看的是什么，但必须等那些牛羊在我家门前走完。我家门前是一条宽阔的路。那时不知道的事情，现在就更是不知道了，只留下这个记忆。我觉得黄昏十分神秘。——无所事事吧？这一切只是在想象里，我也不在乎别人说什么了。

我看着照片，眼前只有这些照片了。放在这本书里的照片，我已经挑选过了。出于个人原因，我限制了自己的兴趣。我认为人的感受力会是相似的，土地上的生灵应该都一样。

每一次面朝土地，我仿佛都在看着一个一个的故事。在那样的田垄上，在那样的房子里，那些故事流传经年，一辈儿一辈儿滋润着我们。故事是一段日子的烙印。现在我担心了，不是突然之间，已经有了漫长的时日。我担心的是那些故事还在，它们靠着文字来到今天——今天妈妈和老师都在给孩子讲——那么，孩子呢？他们怎样理解？"小耗子，上灯台，偷油吃，下不来。"谁都知道这首童谣吧——多美呀！可是，孩子听懂了吗？你们呢，年轻的父母们？你们看到了照片吧？住在照片上的人都懂。我不知它来自哪里，是北方还是南方；不知是什么时间产生的——没关系吧，由他们往前，上溯一千年的人都是懂的。现在的孩子却是不懂了——他们没法懂。对于他们，那种生活的距离，间隔着墙的厚是无法越过的。——小耗子，今天的孩子能看见吗？小时候，就在我家的墙角下，我见到它们窜来窜去，长长的尾巴，小小的眼睛，很亮的。我们说"贼亮"，是什么意思？这里边有爱也有恨。小耗子很小，不是胖胖的有着大耳朵的米老鼠。就算你看见过，好了，那灯台呢？这里关键是灯油。燃灯用的油的改变就是科学进步的历程。远的不说，像我这样年纪的，是赶上了用大豆油和棉花籽油的年代。你注意，油是人吃的，很香，很金贵呀！小耗子也喜欢吃，不然为什么偷呢？因为这个"偷"，而生出了美妙的故事。灯台一定得高一点，灯得照亮别处。可是这个"高"就为小耗子增加了难度：它可以有爬上去的本领，有爬下来的智慧吗？——最上边盛着灯油的盘子里，有一截用棉花做成的"捻"，就是像线绳一样的东西。"捻"浸在油里，露出不长的"头"而被点燃，灯就亮了。小耗子想吃到油，必须得爬到盛油的盘子里。它得经过立起来的灯柱。懂得灯台的结构才能明白这首童谣的意思，才能理解其中的玄机，孩子们才可能笑。笑得开心和通透是基于生活的常识。如果这几句话成为科普知识的讲习，会是什么情况？那么有意思的生活被我说得如此枯燥，这首童谣还能听吗？可是，你不讲孩子不懂啊！问题是，我说过了也不会懂吧？——我们得坦然面对这种局面。

啊，我把中国的北方放在了一起。北方是一种形象。这个形象在我的身体里存留下来。它是清晰的。为此得感谢土地。我的绘画《我路过的地方》就是一段岁月的记忆。我把这件作品视为一部组曲，它由许多章节组成，自然地，你也可以独立去欣赏。它们是在一个时间里的存在。我把我的感情放在了那儿。

那一段时间，我很投入。这些作品的创作，先后加起来，有五年吧，我一直画着。我好像放不下它。那时就这样想。那些画面我都画得很实。我甚至想把木头上的裂纹都画出来。我觉得它好看，随便的几块木板，你把它钉在一起，都会成为有模有样的东西。从前我常常趴在木头上，无论冬夏，它都会使你舒服。我和木头一直很亲。我已经告诉你了，我爸是木匠。我们家从来都洋溢着木头的气息。那味道好闻，真的好闻。有些画面，你也会看到我的无知与臆想，我常常忘记了生活还有着艰辛的一面。或许这个内容更重要，可是我把它忽略了。我知道，这是因为我的性格，我从来就没有太多的要求和渴望。我容易满足。这得归于我在村子里长大的缘故——一个普通人家的孩子，眼界所限吧。我没有对谁说过我的想法。真实的念头使人羞怯。每一次的创作，任何一个想法在心中涌动，我都感到兴奋。为此我会做许多准备，我想得到尽量多的素材，免得在画面上出了问题的时候无计可施。

《我路过的地方》，是庄重的作品，我应该为它的产生跳舞。村里边比较正经一点儿的事情都有秧歌的。秧歌是舞蹈，这种习俗可以连得更远。我觉得它和原始的巫术有关。我相信在此之前或者之后难有类似的作品出现。但是，我还真的不知怎样说它为好。我说不出它的确切意思。它不是我在描绘我家的房子，那些画面上没有一处是我曾经住过的房子，也没有我家的窗户、我家的门，可我又觉得它哪里都是我家的味道。这已经不是兴趣了吧？我们总在说绘画得凭着兴趣，当真将感情放进作品里，你会觉得，绘画有比这复杂得多的东西。

——为什么我偏偏把感情放在这里？我觉得应该认真地说一下。尽管现在不是专门地讨论绘画经验。现在有这么多的问题涉及它，怎么能绕开呢？

我从小就喜欢画画。如果我说绘画不是轻松的事情，你会同意吗？现在许多做父母的，都在鼓励孩子学美术，以为这是一个不需要费力的工作，其实不是。一旦你真的爱上它了——喜欢它，依靠它，为它奋斗，那时候你会觉得，学习绘画是一件痛苦的事。我说过的，所有事情，最后都要在画面上呈现出来。这是以画家的眼光来谈绘画。一切都是画出来的，这需要技巧，是不是就有难度了？画家谈绘画的时候也许会说技巧是不重要的，可是，没有一个画家真的放松了这方面的学习。

绘画终归需要付出，它也是一种劳动。我小时候整天就是画着，也谈不上是为了什么，但不是练手。可能学习绘画和学习音乐还不一样。我常常把饭桌放在炕上——那时候家里没有写字台，比较高一点的"桌子"就是缝纫机的"台面"了，那里也是我们兄弟写作业和我画画的地方。有一天，我趴在炕桌上画画，邻居大婶一进院子，透过窗玻璃看见了，就喊着走进屋里："这小三儿大热天趴着画啥？咋不出去玩玩？"我记得很清楚，我感到很得意：那玩有什么意思！

我路过的地方（1）

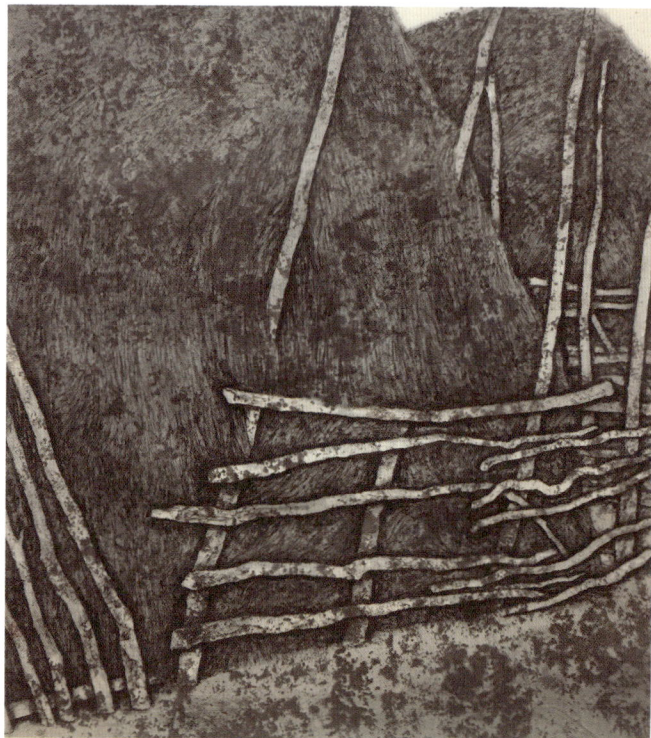

我路过的地方（2）

我路过的地方（3）

我路过的地方（4）

在审美这个层面上，我不知道怎么训练，但是我以为一定得经过训练。当然，我承认有天分存在，就像戴帽子和梳辫子一样，有人看着总是很得体。

我回忆的这些情况，你会将它们与我画的画面联系起来吗？和我放在这里的照片呢？是的，它们是一回事，它们是一个整体。除去那样的环境，是不可能有那样故事的。

现在，我想的比画这些画的时候多了。小的时候，除去画画，我一个人，几乎整天待在房间里。我有一把胡琴——胡琴是我爸做的，用他刨木头的刨子——我爸说，我只有这刨子木质好，是黄檀木的。好像是他学徒的时候，不知在哪儿弄到的一块木头，然后做成了刨子，现在又用它给我做成了胡琴。我那把胡琴的声音嘛，只能说很特别，自家做的乐器你让我说什么？可是，用那种声音形容我在这些画面上的追求倒合适。我那胡琴的声音不是宽厚，有些扁，有些哑，像是亲人离去的声音，使人牵肠挂肚。

那些画，我觉得适合晚上看，在灯光不亮的地方看。后来在美术馆展出的时候，我总觉得不是那么回事。在我的作品前，不适合有别的声响，它像是一条声线在叙述，不适合人来人往的环境。我画的时候好像就是这样，无论是白天还是夜里，画室里的灯光我不会让它很亮。

最初，我并没有想《我路过的地方》可以画这么多，只是画了，它就一幅接一幅出来了。那些作品像是在和我说话。有那么长的时间我是听着，可我不知它到底要说什么，由此我感到失落。曾经的日子在那一刻似乎就离得远了。难道为自己的创作竟是一次告别？我不知有谁在这个意义上可以理解我？——我画完了，然后就把它们藏起来……除此之外，我还能做什么呢？这些作品很纯粹，也很本分。这么些年就随着我，静静地在那里，也像一种物件。

我不知别人是否也有这样的体会，人孤单了，就独自留在什么地方。你需要交流吗？你得自己创作出一个朋友。这个朋友非常好——它可能与你争论，可能与你吵闹，但是它不离开你。你会在不顺心的时候当头把它撕碎……可是，你总还是在想它。这是一种奇怪的逻辑，你不许它发出声音，有它的日子你却是总想说话的。

在习惯的认识上，中国画的山水名气非常大。我画的是什么呢？画面上没有人物，那些形象也是没有见过的样子，更不要谈绘画上的师承了。这一点我清楚。我不能忍耐的是没有感情的绘画，我觉得那是对自己说谎。有人把绘画语言上的变化称为"艺术革命"，哪有那么凶险？无非是表达的有些不一样罢了。如果没有太多的利益需求，所有的问题就变得简单了。直到以后，在很长的时间里，我都是这样看的。

不过，我确实画了与众不同的画面，所采用的方式和方法也就不同于传统的绘画。从构图开始，到勾线染色，所有的绘画程序都是"重起炉灶"——这对于画家来说不算小事。绘画方法的改变直接影响着效果。我沉迷于往昔的岁月流光，这是实在的内容，它是有主题的创作。我为之放弃了其他。我直奔我的追求而去。不过这并不说明一切我都考虑清楚了。正是因为内容复杂，反映在画面上，我总是在改来改去。

现在我倒是愿意回到照片上，重新凝视那些形象——我注意到了从前我没注意的地方。我说过，《我路过的地方》作为一个整体，我将它们看作是集体的生存记录而不是私人日记。照片是真实的存在，它提醒给我观察生活的一种角度，我照此做了，于是你们就看到了这些作品。这是非常有意义的事情。

这些画面表现的是几个村庄的情况，如果我说是环境呢？就是平常的房舍、篱笆、草垛、小路……我们以直接的眼睛来观察，随便的地方都会生出内容——这是真实的生活，是我们每天过的日子。在这个基础上的信任，至少听起来不像神话。

可以确信，创作这些作品的时候，我的情绪并不平静。我有那么长的时间长在了那个地方，我完全是一株植物。可是，我离开了，像是被移植到另一块土地上。现在想来，我是为我的村庄激动。我画下了村庄的面容，这给了我力气，也使我对它的存在产生了敬畏。在土

我路过的地方（5）

我路过的地方（6）

我路过的地方（7）

我路过的地方（8）

我路过的地方（9）

我路过的地方（10）

我路过的地方（11）

我路过的地方（12）

地上，我知道，我们必须背负过去前行。构成我们生活的，有着许多原始的内容，这在冥冥中给我以启示。假使我再进一步走近呢？我一定是犹疑的。我为此而羞愧……我无法回到从前。在现实里没有什么是刻意而为。

人是无法改变自然的，环境也是如此吧。我们说建设环境，那终归是很小的一个区域。环境是开阔的话题，它可以大到无边，非个人能力所及。我们尊重自己的过去，用微笑、用声音、用行动承认现实，将其视为资源而不是喋喋不休地批判。

我看着土地，看着村庄，看着一切变了模样。这是一个过程。在这个过程之中，我的生命实际上是起了变化的——需要变换一种眼光来观看美丽吧，尽管我们还不习惯或者还没有听到这样的话语。

某一天，我们会消失的。可能是这样。土地上的事情也会消失的。是这太多太多的沉重影响着我们，同时也在塑造着我们。这是命运。因此注定我们不会是飘起的东西。

我路过的地方（13）

我的背后是《人群》系列中的一幅《人群·睡着》。这个主题我画了很长时间，前后共是六年吧。我的许多作品都是这样断断续续进行的：今天拿起这个，明天又拿起了那个，后天又重新开始前天的画面。"大寨"的创作，这是我现在要说的事情，应该是 2000 年前后，这个过程就更为零散了，绘画上的情况，我怎么能说得具体呢？现在大家看到的说法，是我依靠画面和使用资料的猜测。从前我所熟悉的生活已经远去了，这是一种深深的无奈。实际的存在唤醒了沉思，同时也激发了想象。我们所做的努力，在那样的瞬间，其实就生出了意义。

三
大寨，
一个村庄的故事

我把从前的几件作品翻捡出来，对了，它们都已经印在了画册上。就是这么无奈，即使画家，他要看自己的作品，也一样不能面对原作。多数情况下，大家是一样的。我在看着画册——一张张图片吧，就是这样。

因为是我的作品，我有许多投入，朝朝暮暮，它伴随了我很长时间。当然这些都成为内容进入了作品之中。但是于我，这是一段生活，它仍然没有离开我的身体。

现在，我还得做一些思考：为什么我选择了这几件作品而不是别的？

不可否认，学习大寨运动有着明确的政治目的。但是，现在重要的是时间——我的创作是在那场运动过后三十年，我的选择的本身不值得思索吗？我要创建什么观念？这是在我画这些作品时艺术界比较流行的一个说法。我不是，我只是想要画画，我没那种意思。如果让我说得真切一些，我还是很不赞成一个画家总在谈说法。我认为那是不务正业。

后来，其中的几幅作品被我送去参加展览，这些年里也有几次了吧？没有谁对我提出什么。这并不意外，现在看画都把注意力放在了画法

上。只是最近一次在中国美术馆的展览上，一个老朋友拉着我，用手指着我的脸，我们离得很近。他声音不大："你是画的大寨吧？"我感觉他的表情有点诡异，立刻也就知道了他话里有话。学习大寨的事情，到底过去了那么长的时间，生活中的一切已经都发生了变化。我们，还有比我们年轻的下一代，他们关心的该是什么？我想到了放弃从前宣传所喊的口号，回归到劳动，回归到人的本能和品质里，这样的一种意思，还是朴实吧？可我仍然顾虑重重，因为我没有资格站在社会的高点上谈话。我得按照我的想法去构思作品——这是实在的事情。我不再考虑图片的本来内容，直接面对画面，就像是面对那群人我在写生。如此说来，投入了我的关切，感情其实也在那里了——这是我对大寨人、对天下的劳动者乃至劳动本身的一种敬意吧。我真的希望于生活里我们能够多一些温暖的内容。

或许更早一点——因为我要说的几件作品，在画册上标注的创作时间是 2004 年，这是作品送去参加展览的时间——我开始动手画了，应

大寨社员以老愚公为榜样，精神焕发，
斗志昂扬，劈山取土，抬石垒坝，表现了
百折不挠的英雄气概。
———摘自《红太阳照亮了大寨前进的道路》（外文
出版社1969年版）

大寨人以冲天的革命干劲，闸沟、修
坡、治梁，决心改变穷山恶水的自然面貌。
———摘自《红太阳照亮了大寨前进的道路》（外文
出版社1969年版）

该比这要早，至少提前二年吧。这是一个模糊的记忆。我们通常说绘画的创作，并没有明确的开始和结尾。生活本身就是这样。你不能把今天断然地和明天分开。还有，我整天是在画画的，有些作品并不是一次画完。绘画和做手艺的活计不同，那是可以一气做成的。绘画不是这样，它始终是处在修修改改之中，没有想法了，就得放下；哪个时候来了感觉，再重新捡起。也许其他画家的创作不是我这种情况。没有办法，我的工作就是这样，在不同的时间里，许多想法往往被掺杂在了一起。如此说来，我并不是对自己的每一件作品都有足够的认识。我们生活在一个动荡的环境里，都说明天可以预见，你不觉得那是故事之中的谎言吗？

　　我把时间作为问题放在了这里。时间对于理解作品是重要的。时间不是一种背景。时间本身承载的往往都是一些具体的内容。我们必须知道绘画是一种语言，恰好可以帮助我们记录还不十分明晰的事情。我在今天想起了从前，想起了我经历的生活。确切地说，是我们面对的现实又有了新的情况，我在向记忆寻求帮助。

我得感谢时间对我的慷慨。

　　偶然间得知，大寨今天已经是一个旅游景点，就是说，大寨开始在做旅游的生意了。这是我在画画时万万想不出来的。看来，我得把从前的思路定格在一个基础上，否则再谈起什么就显得没有方向感了。

　　在我的心里，大寨就是土地，就是农民——是吧？它曾是中国农业的一个典型，曾是全国都要学习的榜样。农业就是解决吃饭的问题。土地上所有故事都是为了吃饭。那时候我的阅历不深，也就是这个水平。我知道我的想法幼稚了，更幼稚的是我把这想法当成了真理。好在我没有和谁提及过这个事情，我只是把这种看法放进了自己的作品里。

　　我来介绍一下这些画面的"诞生"吧。很明显我的表达已经体现了"庄重"。这在我看来不过分。任何的创造都是一种新生命的出现。

　　绘画是有感情的投入，这是一般的说法，其实所画的事情也要与画家的骨血相通。但是，画家所完成的作品会独立于身体之外，以自己的形象感染别人。有人对此做过研究，当作品完成后，画家对于作品的解释别人是不在意的。你看，我没有顾及这些，依然在说着——我想多介绍一点绘画时的想法，我怕这些随着时间会烟消云散。我忧心忡忡。我把自己不断地放进创作的日子里。绘画的生活只是如此，投入其中，便无法放下。现在我纠结的不是面对大寨的题材，而是我对遭遇生活的看法。换了别的内容，我想我也会这样——这是绘画的命运。

我愿意将我的行为建立在真诚的基础上，我想使大家感到信任和亲切。就像你参观一个画室，碰巧有人在画画，那可能是我，于是我们就聊了起来。我知道这种谈话需要做到简单、直接，需要做到有什么就说什么。

介绍大寨的图片没有什么特别之处。我还在上中学的时候，学校的阅报栏里就经常贴着。后来到了农场，除了报纸，在各种画报上，类似的内容见得就更多了。我之所以保存着一本大寨的画册也是因为感情。这是当年农场的一个朋友送我的，他还有一本。那时候我们都在电影放映队工作，除了放电影，我们还要画幻灯片。他也很喜欢画画。我们都知道，图片对于画画是重要的，我们从中可以临摹些动势。他把一本掉了封面的给了我。我的这本画册到今天还是没有封面的。

到了我说的年头，我想画它了，这显然不是突发异想。多年以来，我一直以为，那些照片所记录的是真实的劳动场面，我觉得和我们村里出工劳动的社员是一样的。我得承认，我的看法一点没有新鲜之处。农民和土地的关系，千百年来一直被我们赞颂着。不过，在大寨的事情之后，土地上的生活变得消沉了。——这算是可以理解的情绪吧。什么事情你不在意了，它也就不存在了。这也许是对待矛盾和冲突的好办法。就现在我们涉及的问题，面对拿着镐头刨地的农民，你再看看那长满老茧的双手，还能说什么呢？以我们村里人的生活态度，只要不误农时，别的都没有关系。

我的家不是山区，没有图片中那样的土山和土山上的石头。那些树木和草倒是很像。我爸我哥也是经常出工去外地，有时候是修桥、盖房子，有时候是割芦苇、铲地。图片上的人身上的衣服长满横着的皱褶，每年冬天我们这里也都得穿它。只是他们比我们穿的肥一些。还有，他们头上系着白毛巾，这使他们的形象多了几分英雄气概，而且还有点像"历史"了。我们村里人常戴的是帽子，这就离现实近了些。

我中学毕业后被安排在农场的电影队工作。农场那时候正处在"农业学大寨"的运动之中。运动来了，街上和田地里都要拉起横幅，横幅上写着口号。我记得清楚的是参加挖河泥劳动，我们大家推着车，拿着"筒锹"——这是和大寨人不一样的工具，它更适合在水田里干活儿。

当一切成为往事，我欣喜的记忆是留下热烈的劳动场面，那是不会再有的场面：大家吵吵着、嚷嚷着，广播的喇叭里不停地唱着歌，到处是飘扬的红旗……独轮车飞快地跑在从堤坝架到地面的跳板上。跳板不是笔直的，往往拐几个弯。跳板是独木桥一样的东西，它很窄，独轮车跑起来摇摇晃晃，还上下颤动。推车是个技术活儿，行走在上面你得快。那时我很是羡慕会推车的人，我试过几次都失败了。我觉得他们推车的动作非常浪漫，有一种悠然的自娱的样子。现在每一次看到小区的孩子们踩着马路牙子玩着平衡，我就想，让他们开开眼，去修渠的工地看看，他们会兴奋的。

画家头脑里的想法是跳跃的。不论他的思考多么的独到和深入，对于生活的印象却钟情于直接。凡是有着画面感的事物，都会牢牢地进入他的身体……这种情况也许会把实际弄得走样，没有办法，在艺术创作中，现实总是乘坐在想象的羽翼上。

开始我画的几幅都是修梯田的场面。若问我为什么选择这个内容，说出来就是离大寨太远了。我自己没有参加过修梯田的劳动。在写这段文字时，我仔细地想了想，恐怕搬石头的活儿我也没有做过。照艺术研究者的说法，与画家经历不相关的事情，很难引起他的关注。但是，他们忘了，在绘画的创作中，形象的感染力永远排在第一位。这其中还有画家的敏感，每个人都有自己格外关注的地方。

这一幅大寨的照片呈现着雪景——是这幅雪景开启了我这个题材的创作。我想不出别的理由，我只能这样解释了。劳动本身不是叙述，劳动进入具体的环境才可能生出故事。我确实

　　毛主席"自力更生"的光辉思想给大寨人无穷无尽的力量。他们在党支部的领导下，大力展开抗洪救灾运动，制订了修复土地、修建房屋的计划，下定决心重新建设大寨。图为修复受灾田。

　　——摘自《红太阳照亮了大寨前进的道路》
（外文出版社 1969 年版）

　　大寨人……在战天斗地改造山河的斗争中，进行了大量的农田基本建设，治山治水的工程取得了一个又一个的胜利。

　　——摘自《红太阳照亮了大寨前进的道路》
（外文出版社 1969 年版）

觉得那种场面非常好看。我得说，我对雪景情有独钟。我在北方长大，我总以为雪不是冷。雪在天空中的样子是谁也画不下来的，我坚信这一点。那是诗，那是天上洒给人间的礼物。

依据照片进行创作，实际得需要好多处理。即使是同样的照片，通过绘画可以创造出不同的作品。这也像导演工作，不同的人"导"出了不同的"王熙凤"。我不知道怎样谈一件作品的原始状态，如果说照片的时候，我们把它视为素材，就不在乎它的本来意思吗？对此我的回答是，看情况而定。有些无法看见的东西，可能很重要。那些"看不见"，往往是在开启我们的智慧。在后面的照片当中，你仔细看，照片上没有那么多的雪。我只是想，冬天里的劳动，似乎有雪更好。毕竟是北方——这也像我们村里社员冬天出工常遇到的情景。雪在我们那里，一个冬天都不会融化。这是一种处理，也是画面上不同程度的感觉。在精神层面的表达，形象上的清晰，体现着造型艺术的价值。

当然，这种"雪"的形象，在照片上也是存在的，不过在我画的时候被我强调了。这也是视觉上的调整。好像舞台上的灯光，各种颜色都在那里。做美术的不会让它同时都亮着。至于哪种颜色强，哪种颜色弱，全看现场的心情。欣赏绘画也需要闭上眼睛待一会儿，需要静思。绘画是画出来的。我现在说的这些，实际上在画的时候并没有想好，是我画了，感觉才一点点出现。

这是主题性的创作，在整体上也还是需要有一种态度的，就是我对大寨的认识。不用回避，这也是我对生活的实际看法。大寨给予我的显然不是通过参观学习那类亲历者所得到的那种感动，而是劳动本身，是人对土地的感情。时间转瞬即逝，源自心底的爱，这种深沉的内容是不可改变的。我得感谢绘画，把我时常想到的赋于一种形象之上。这个形象，不只是我一个人可以看到。比如你，现在也看到了。

匆匆的岁月，我不知哪一天的绘画是有意义的。但是，我得为之努力，我也惊叹每一天的发现。

《我们的生活》是大寨创作的统一名称。在《我们的生活》（之一）勾完线之后，我忽然觉得，那山为什么不是一座金山？说着这话我心里有些激动——我想就这样画上去。大寨的土地是贫瘠的。我们村的土地是贫瘠的。每一年生产队分的口粮都不够一家人吃的。我没有说错，你仔细看从前的照片，这种悲戚忧伤写在农民的脸上。我曾想过，那是孩子时的心情。我想找到一种颜色，把它涂到大家的脸上，以此缓解村里人的郁闷。现在，我的想法具体了，我想做得浪漫一点，把那种使人愉快、带有幻想的颜色涂到社员身旁的山上——也许是土坡或者一道峁梁。哦，那是环境。这样也许更好。

这些天，我一直为我写的东西分心。我把绘画时的想法整理出来，还有绘画之后的剖析，这些文字也是独立的思考吧？它不一定都是宣传。遗憾的是，这方面的事情我们做得很不好。我们往往会把绘画之外的东西也掺杂进创作的过程里。绘画的行为不是我们想象的那样，画家可以随心所欲地抒发自己的感情，哪有这种事情。从本质上讲，绘画就是在表达画家的看法，不过是有时说得清楚，有时说不清楚。人在情感方面的说明，也许只能是这样。绘画是画家把情绪放进了线条和色彩里，因此才不是表面上看到的那样简单。我的体会是，在一些作品中，可能是多种主题同时出现，而且都很奇特，这就使得我们面对作品时总是处于不停的犹豫和选择之中。

现在有了照片那么具体的素材，我们还需要做什么？这个问题同样也值得艺术的欣赏者注意。凭着个人的经验，想当然地去发表议论，与我们接受艺术的教育完全不是一回事。我想做得本分一点。首先你可以做出一些放弃，你可以不考虑图片记录的事情，甚至那个背景。这样，你就得研究，看看图片中的形象哪里在感染你。也可以理解为这是一种限制，免得你在创作中胡来。确实，我总还是惦记着我们村里的一群人。我知道他们不会在意我。他们看不到我的作品，但我得把他们的感受放到我的作品里。这是一种人情。

我说过，这个画面非常迷人，我们可以从中嗅到春天的气息。这是我创作的第二幅。以后的两幅，基本也是这种思路。我感到了那些劳动者的轻松体态，你看，都有些像舞者了吧？

那么，这是不是舞台？我没有参与其中，我是隔着距离在观看。——这不是个人化的叙述，于生活之中它是安慰。就像在一个房间里，我们歇息着，终究要把头靠在一个地方。

——那片雪地也是梦的形象。我想到朦胧与清爽，好像是对立的样子吧？可是，于自然之中我们见到的感觉，常常就是你中有我、我中有你的。哈！是我故意模糊还是另有缘故，这一点我不考虑了。我只考虑结果，我的画是有雪的，劳动是在雪地里。

也是因为表现了雪，画面上的空白太多了……每次再见到它们——在展览会或是画册上，我都不禁生出茫然之感……天地广阔，被我们忽略、被我们抹杀的不是一种存在吗？

我家所在的生产队，是辽西叫余积屯的一个地方。"文革"期间这里改名为"晓光公社"，而现在又改回来了。有意思的是，比我们公社还大、管辖我们公社的县城如今却改了名字。那名字使我陌生。每一次听到，都有着不知是哪里之感。不过，我已经离开了。离开了很长的时间，我没有回去过。我的记忆还是在从前。

那是凝固起来的一段日子。

我妈最后一次摔倒后，我哥和孩子们把她送到县里的医院。我赶到已经是夜里，我没看到什么，只觉得四周漆黑。早上医院里卖的是大米粥、馒头和包子。包子有一种馅是"咸菜"，我顿感亲切——我该是有半个世纪没吃到了吧？小时候在家里我妈常常包这种馅的包子，不过是用玉米面。外地人只知道东北的"酸菜"，不知道还有"咸菜"。其实都是入冬时腌的，白菜放盐少成了"酸菜"，鼓捣起来有点费事；放盐多就是咸菜，制作起来非常简单。咸菜加上豆腐是出名的包子馅，可这次我吃起来一点也没有觉得香，主要是太咸了。我知道是我的口味改变了。我没法说出心中的凄楚：还有我妈在呢……

我们家不远处的一个村庄，"农业合作化"时期出了一个有名的人物叫刘玉如。他最早领头，把村里的十三户人家组织起来，成立了"晓光农业生产合作社"。合作的意思就是几户人家的牲口和农具放到一起，还有土地，大家一起耕种。那个时候，走集体化的道路，体

我们的生活（1）

现的是农民的先进思想和觉悟。刘玉如领导的合作社与王国藩合作社、开明义合作社很相像。他们都十分贫困，被人讥笑，经过"刻苦奋斗"和"坚决奋斗"，翻过身来。这种英雄事迹，在当时广为传播。

我听过刘玉如的报告。公社和县里的许多地方都请他去讲。我印象里，刘玉如好像不停地参加各种会议，不停地做报告、听报告。在我们学校讲的那一次，我记住一件事情。他说，他到了北京人民大会堂，中央领导宴请他们。他很兴奋也很激动，但是他没有忘记和他在一起吃饭的乡亲——有什么可以使村里人分享他的幸福？这是他想到的最为重要的事情，于是，他采取了简单的办法：把宴会菜谱带回了村里。当时我听到有人在下面嘀咕，觉得他丢脸了。而我却在猜想，整个过程他一定是小心翼翼，我联想到了侦探片。我一直觉得这件事情很有意思。我记到了今天。那时，我们是读中学的孩子，和他们村里人一样，我不知宴会是什么样子，却感觉到了宴会上的幸福。依我现在的眼光看，刘玉如的做法也没有哪里不妥。他是个农民，他只关心吃饭，他的经历和他的淳朴，使他就那么做了。

出于绘画的真诚，我有些惭愧了。我好像在说，这些作品画的不是大寨——可是，我所依据的照片就是大寨呀。我只是觉得照片上的人像我们村里的，这样的说法是在表达我的亲切。一件作品，不是要告诉你这是有确定的资料和素材的创作，但是它得使你相信这是真实的东西。因为大寨有着与其他村庄不一样的经历，尽管我们强调它只是一个村庄。因此，回到日常的思维之中就是必要的了。我们不能把大寨的劳动视为没有人情的政治生活。假如我的创作抛弃了那些照片，应该就是另一种类型的作品了。我们愿意接受艺术的教育，其实就是相信了它。这样，我们从这里开始，我们把从前的形象视为物体——从前的形象在美学上是具有自身意义的。然而，这是具体的绘画，有些时候必须越过生活的实际门槛，你看，这有多么的不容易！

我记得那时候有句话说得非常响亮，"水利是农业的命脉"。我不知道别人怎样理解水利，

我们的生活（2）

在我的印象中，说起水利就是要修渠了。那是全公社最为重要的事情。公社会把几个生产大队的社员集合起来，大家都得离开家，在一起吃住。——"离开家"，你能知道在孩子的心里是多大的事情？我哥哥、我爸爸每次出工，我就觉得是上战场了。"水利工程"就是战场，修渠是全公社人的"水利大会战"。

我们不能用新闻简报和报纸记者写的消息来衡量过去的生活。拖拉机、推土机那类东西生产队里是没有的，所有的劳动都靠人的双手。即使以后我到了农场，农场是有机械化作业班的，但是，普通的人，我们这样的"机关同志"，也仍然要靠双手劳动。

这是值得赞美的事情。人类懂得劳动，人类懂得靠着双手——有了双手就有了希望，我爸、我妈就是这样告诉我的。他们都是劳动人民。他们干了一辈子的"活儿"。我没有听到他们说什么时候可以停下。在我妈的晚年，90多岁了吧，我看见她在房前院子里转来转去。她用手摸摸这儿，又摸摸那儿，嘴里说："唉，干不动了……这活儿呀！"我感到这么说时她心里是苦的。

现在回头看大寨的那些图片，我心里十分明了。那里的每一寸土地，都没有秘密。那么多的记者，各种人物几乎就盯在那里。现在呢，大寨不被提起了。我可能是自欺自娱，这些年里我忘掉了许多事情，唯独对大寨，我的感情一点也没有变淡。

我得说，我并不很了解那里。这一次从大寨回来，我意识到我同一般的旅游者其实没什么两样。现在说着自己，说着我的绘画经历，我也是战战兢兢。或许是过了时日，或许是我不年轻了，我意识到时间，时间真是了不起的大师，它在雕刻着我。

我的大寨是绘画——这是我钟情的理由吗？我看我的作品，那上面所描绘的还都是年轻的面孔。而眼下，我在路上，我看到那么多人离开了土地……村庄在消失，这类故事我们已经听了不少。我家的窗外，有着那么大、那么大的软件园。那么多的公司叠落一起，我惊叹：这是不是另一个时代的梯田呢？我看到了消失的大寨，你一定也看到了——村庄一个个消失，即使还在，村庄里也几乎看不到年轻人。

我们的生活（3）

我先画的那一幅，是大寨人抬石头垒坝修田的情景。如果以镜头来看是中景。图片上的那些人劳动十分认真，像是在修复城堡，每块石头都要放得得体。这非常有意思，也增加了我的好奇心。那时候我就是这样想的，我在画着一种特别的"严谨"。

大寨人修造梯田，本来是很艰苦并且令人烦恼的事情。开始两次是冬天修的，到了夏天，洪水把梯田给冲毁了。第三次也是冬天——农业工程都得在冬天修筑。在被洪水给毁了两次后第三次，陈永贵受到窑洞门窗结构的启发，利用"拱形"减轻洪水的压力，而不是我们想的那样横着直接拦阻，结果这一次成功了。这就是著名的"三战狼窝掌"。那天我在"铁姑娘客栈"听女老板抑扬顿挫地讲，就像听武侠小说一样。我不知道这张图片是不是"狼窝掌"，如果直接从图片上去看，看不到人物的表情，只是可以看到他们劳动的动作。还有环境——那环境难说是好与不好，光秃的山，山坡上的积雪，都在告诉我们这里的不发达与贫困。

哦，这是一种事实。今天已难以见到了。

但是，作为形象，依赖着照片，它清晰地留下来。也是太平常了，即使我们在某个地方见到了还会把它放下的。这不是轻浮，没有了解的事情，的确难以体会"平常"的意思。在我的创作中，我把我的情感也放入其中，这是不需要想象的。对此，我也不断地问自己，轻易就可以看到的内容，会不会是简单呢？或者，这尽人皆知的——应该是常识吧，描述这些是为了什么？在绘画上，我知道有人愿意讲述这些，对此，我不以为然。我们反反复复写下自以为深刻而谁都不懂的观念，写着味道一样的句子……我得说我很烦。莫名的东西搅得我心乱。在绘画的过程中，我不是一个乐观的人，我常常处于没有主意的不知所措里。

画完了头一幅，能想象我很不平静吗？那时候，我想得最多的是大寨。我不知道大寨的情况，但是，我想画下去，这是我的事情。绘画的过程也使我体验到除了我的感情之外还有更多的不了解。那些是你说不出也说不清楚的东西，可是，它在影响你。它可能是人性，也可能是某种阴影。希望大家明白，现在，我不是在对作品进行理性的分析，我谈的是一件作品的诞生，一种创作方法，一种思路的形成与成长。

为什么不可能放开一切去画呢？其实对许多事情我是困惑的。我像躺在了谷底，仰望着苍穹。是谷底，我躲在无人知道的地方。我无法与人交流。我渴望与大家在情感上融合，我觉得那是一种享受。总之，我不是坚定地反击着什么，也不是请人判断怎么看待我的这种创作。尽管我的表达与流行的口味有些不符。我对绘画一往情深，在这个基点上，我不厌其烦地讲述着自己的故事，这是我可以做到的唯一。我很想把对土地的爱继续倾诉下去，我很想写得长一点。

我不知道我的沉重心思来自哪里，即使躺在床上，我也无法入睡。"那么，就起来吧！"我常常这样告诉自己。有事情的时候就是这样——"别忘了，农民是不会耽误活计的"。这是自然之中的声音。是的，有许多声音同时在催促着我。农民的劳动，有时候就是时令的催促。

我感受到了我身上的变化。过去的一些念头，以及我从学习中得到的知识，已经不知跑到了哪里。每次回过头细心地看去，我才感到惊讶。所有的改变都是在悄然之间进行的。我看不到界限，可是那是明显的存在。

像读一本书，打开了一页，就要翻到下一页。我准备画第二幅了——你看，文字的叙述是多么的不恰当。画家要画出什么不需要准备，好像什么都在心里，这又是一个陷阱——这种意思可不是心中有数，相反是处于一种茫然，因为你无法断定"这一幅"画面会呈现什么。

我不愿意把自己对绘画的看法推销给别人。他们在保留自己看法的时候听听我说的话，我就知足了。我时常翻看别人的观点，有些时候，我还真给气着了，因为有些观点确实离谱。我指的是偏见。但这不是争吵的理由。我把问题交给时间，时间可以帮助我们了解事情的本质。

心情轻松了，也是在动手画之后，我没有开始画时的那种犯难。我已经看到了我所追求而至的东西。你知道我是多么兴奋——仍然是在记忆中寻找，仍然是那本画册中的图片，我凝视着，它使我想起很多。这的确是很特殊的绘画经历，每一次面对图片，即使是同一幅，我居然也看到了不同的内容。在此我要表达的已经不是资料和参考的意思了。我认为那是自然，我在面对着一种现象。在那种情况下，我的经历，由经历生出的情感一下子就有了着落，像是见到了故乡，见到了多年想念而不得见的亲人。

现在，那些图片里的人在做什么已经不重要了。我在做我的事情。照片是模糊的。如大家所知，那类新闻报道的摄影，注意的是场面、气氛的渲染，人物其实就是一种点缀。当然，不可否认，参加劳动的这些人，他们是一群英雄。他们是创造历史的人。照片所呈现的精神使我深深感动。这与我接受的教育，与我那时候的审美趣味特别一致。我喜欢的开阔、纯粹，还有热烈和激动，作为形象在那些图片上，像教科书一样地被标记出来。我不大知道的是，怎么把我看到的转移到画面上。

我是个画家。我决定不理睬传统绘画当中的技法。"用什么声音唱我的歌"——我在想，

是先有声音还是先有歌？先有感情会怎么样？我试着像图片中的人物那样，他们拿起镐头，直接地刨下去。他们什么也没有想。他们凭着热情和体力。我在绘画的时候，情况与此差不多。绘画也是劳动。这一种看法从那时到现在，我没有改变过。

面对着图片，我细细分析构成"这一幅"的结构。这是从绘画的眼光看问题。看不到这些图片的差别，创作将无从下手。现在的这一幅，我强调的是一个场面。与这幅相比，第一幅倒是有些"局部"了。这是诗一样的场景——如果再结合后一幅来看，你会觉得是有情节的。我想使它们成为抒情诗。我像是站在远方，这在绘画的时候，我体验到了。如果我是在复制图片呢？仅仅是把它放大了，恐怕没有现在的感受。我在画面上用尽一切办法。我想找到通常人说的常识。回想起来，那一段时间里，在绘画的语言上我没有一点负担，放下了，什么都变得很容易。

我想使这三幅放在一起，我知道这样的机

那时候

会不多。那一次在美术馆展出的时候，最后一天关上展厅的门，我心情非常不好。表面上我必须得沉静，这一点我做到了。——这些作品什么时候再聚集在一起呀？对此我真的没有信心。甚至我觉得，就这样内容相似的作品，它们的命运像同胞的三兄弟，难免都要独自浪迹天涯。如此无奈是想到了绘画的意义，它只在于画家自己，其他的都是奢望。

最后一幅《中国·农民》，你看到了吗？那些人的身后依然还是舞台，一层一层，我们可以看到很远。开阔的天地间，他们在为自己劳动，他们修建了舞台，而舞台上的主角，还是他们自己。

后来我揣摩这层意思，人的生活目的真的是那么清楚？多数情况下，我们还是依靠本能吧。

这三幅作品也可以看作是一幅画。它们表达的都是一种事情：人与自然搏斗，向不能长粮食的地方要粮食。我抄录当年介绍大寨的一段话，大体可以说明这个闻名于世的地方的事迹："大寨人组织起钢铁般的劳动大军，于一九五五年大战狼窝掌沟……这是大寨最大的一条沟，全长三华里，每到暴雨季节，山洪顺沟下泄，冲毁农田和庄稼……先后经过三年奋战和修复—冲垮—再修复的反复搏斗，终于把这条沟修成层层梯田。"现在回过头来看，当初画它们的时候，并没有想到这是哪一次的劳动，那些作品完成以后的许多年，我也没在意。只是现在想到了这个事情。如果以这段文字作为背景，会不会觉得这三幅作品就是大寨那个年代的插图？这是无意间形成的事实。

在图片上观察生活，图片的存在是一种偶然，就像别的场面也可以被拍下来一样。想来我谈的这些也是在绘画的体会上，并没进入对大寨的认识之中。谢天谢地，我只能如此。因为大寨的问题不是简单的，比我们想的要复杂。他们的领头人陈永贵曾说过几句话："山再大，沟再深，是死的，人是活的。我们有勤劳的双手……三年不行，五年；五年不行，十年；这辈子不行，我们还有儿孙后代……"哈！这种奋斗和牺牲精神，是长在中国土地上的特别内容，是不能被看作某一个时期的政治背景的。它是一种文化，它的深刻使我望而却步。

摘苹果

中国·农民

离开了绘画谈绘画的想法，我总觉得不是那么回事。思考的不安对于生活的影响，我心里没有答案。生活就是生活，生活不能变成另外的东西。我得直接绘画。拿起画笔，把想到的放在绘画上，那一刻我才是有了感觉。

那本画册中的图片被我翻得久了，我发现它们之间有一种很特殊的关系。就像看连环画，也像看纪录电影。有意思的是，那些图片是分头拍摄的，是编辑把它们放到了一起，而我现在做的却是要把它们分开。独立地面对一张照片，这时候你就会发现，每一个形象都不是微不足道。我觉得图片溢出的东西如果不能引起注意，图片就没有了价值。我们说得严肃点——艺术的根本就在于是否真实具体地反映了生活。比如我现在的创作，应该是当下的表达。即使历史题材的作品，它说的也是现实之中的事情。

我们必须分辨一种形式在语言上的特点，这是非常重要的内容。我理解绘画的法则，比起新闻照片有着更大的灵活性，一件作品的情绪、情调的出现，也就是画家情感的介入。如果这是一种事实的话，画家的笔触和线条在绘画上就不是空想。我们现在所谈的这类创作，有照片、有事实，可是我仍然没有把握。我往往惴惴不安。一觉醒来，从报纸上、从电视新闻里，你又收到了许多芜杂的信息。——那时候我是没有手机的。今天这种影响更甚。人无法理解环境，这种纷乱的现实就是一个问题。一个有责任的画家，面对这种情况，不会没有反应。绘画过程体现着思考，它可能就是一种漫无边际。

我不能放下的一如农民，我总是想着土地，想着那里的生活。对此，我不断告诫自己，可是不知不觉，我还是站在那里了。这也是我的尴尬。今天对于土地的认识，早已不是从前了。就说大寨的故事，在年轻一辈儿中，几乎是无人知晓。那一天我和画院的一个女孩子讲，我讲我画过的作品。她看着我，一脸茫然："大寨？我好像听过……在哪儿？"还能讲下去吗？大寨的问题，在中国该有多大呀！可是一转眼它就烟消云散……我觉得这不是事实，是我不愿意它成为事实——我有些"忧患"了吧？

"自力更生，艰苦奋斗"作为一种精神，我总是被它感染着。心里有这句话，就是有太阳的晴天。这仅限于我个人的感觉，无关他人。我自己相信着就是了。我知道这不是正确不正确的事情，对于我它总是力量。我的经验也是在土地里长着，这是与生俱来的东西。我不认为这种认识已经过时了。是的，"下定决心，不怕牺牲，排除万难，去争取胜利"，这是中国土地上的歌声，不是学大寨的时候它才唱起的。这种意识，我们可以向上追溯到更远。

我们的生活——大寨式的那种劳动，现在已经是历史了，而且那种劳动一去也不会复返了。我在作品中所表达的情感，现在看来，我觉得不是赞美，倒是感到一些担心。今天再一次回到从前的记忆里，我仍然觉得有些事情我们并没有弄清楚。比如劳动，我们能从个人的角度认识吗？土地上的生活连着我们的身体，它不是写在纸上的东西。我想象着天空，想象着雪像白云，……它飘浮着，却又一动不动……如果对于过去，我们集体选择了忘记，而忘记那部分又是沉重的内容，这就非常可怕了。

画完了，我一口气画了三幅，我停下了。我没有再画的意思。三幅画都不能算作小画。我记不得用了多长时间。我得为它起个名字——我相信绘画是有生命的。我对作品的名字非常在意。一件作品没有适当的名字，我心里就空落落的。照说这几件作品应该明确地写上"大寨"，为此我不断地问自己："你画的是大寨吗？"我感到羞愧。我有点难受。我不能说"是的"。

我已经做过介绍，这几幅画参照了宣传大寨的图片，如果以此断定我就是画了大寨，我也无话可说。但是，我还没有十分的把握这样说下去。如同我们为人画肖像，是必须要画像的，而标准呢，其实也好把握。可是，我们请来的是一个模特儿，是为了自己的创作，或者是在教室里，为了学习——他是作为素材和材料存在的。看起来画家在画他，但是绘画的目的已经不在他的身上了。

绘画就其本质讲没有技术问题，只有画家想画什么。一旦我们知道了内容，自然地就会从这里出发，精确地去感受语言的魅力。技巧或许是一种载体，但是必须是承载着画家的意愿。现在我们把事情搞反了，画家们谈问题，常常是从技术入手，从这里去把握艺术的。

每当看到听到画家刻意宣传自己的绘画本领，我都会感到不舒服。一件作品必须嵌入作者的生命，才会使人感到丰富。但是，我现在要表明的是为了自己，为我的内心的安稳在做的一件事情。我执意坚持并以信念来护卫这几件作品，是因为这种方式的重要而非别的。

图像的功能是在表现生命本身，这一点我十分相信。因此我常常觉得图像会使我们的感情具体化，即使隐藏在身体之中久而不见的东西，在与图像相遇的那一刻，也可能突然就迸发出来。乍看之下奇怪吧? 想想看，每个人都会有这种经历的。

就形象本身而言，它传递的信息不是单一的，它会同时具有诸多内涵。有一种古老的理论：天才所揭露的真理让我们觉得似曾相识，它的深度与面向的多元取决于读者的心灵。这里，我们只需要把"天才"转换为"作品"，转换为可视的形象就很好理解了。

我为这三件作品起的名字是《我们的生活》，我想表达得直接一些，意思是里边有我，也有大寨。大寨不是作为背景。大寨是一个年代的主体。重要的还在于我把大寨视为"我的家乡"。大寨的故事就是我们村里的故事。

我密密麻麻地写了很多，我生怕别人不理解我的想法。当然，这是现在的情况。在我画这些作品的时候，我什么也没有说过，甚至我还藏了起来。我觉得没有必要去讲述这些画外的情况。那时农村离我还很近，虽然社会的热点已经转变，毕竟还是有许多人生活在农村。现在不是了，不仅仅是面对作品的人群有了变化，农村——我们的村庄也发生了变化。我有幸生活在其中，——哦，也可以说是不幸，现在只能把它写出来，这曾经的事情使我流泪了……我希望你也记住它。

如果一切没有变化，我就没有必要写什么了——其实我的那些绘画也是一样。

每一次我把这几件作品送到展厅里，都是不需要说话的。它们静静被挂在那儿。展厅里

2018年我去了大寨。对那里，可以说，我是心仪许久了。第二天，我在大寨大队部的门前寻思了一会儿，我没有激动与惊喜。反倒是觉得一切平常了。我看到大寨大队部的门与我们村大队部几乎一模一样。（摄影　梁子）

到了大寨已是傍晚，我们随即投入拍摄。导演让我在山下那片土地上走着。我来来回回走了几趟。照片记录的就是这种情况。（摄影　梁子）

的灯光非常舒服，观众来来往往。一件作品摆在了宽敞的美术馆，对于画家是一种幸福。

与其他作品不一样的是，画完它们以后，我竟开始惦记它们了。这种情况在那之前和在那之后都是很少出现的。原因我清楚，我想在于这些作品背后的事情。——我画了大寨，想的却是我们村里的生活。对此我也不知怎样解释为好。就说那几张照片吧，它引起我心中波动可谓是"全新"的情绪。——我是在睡眠还是清醒中？这是与通常我们了解的创作完全不一样的方式。我还意识到，这样的一种实践，对于我的创作和生活实际上也产生了很大的影响。

像想念一个朋友，是偶然之中遇到的朋友，开始的陌生很快就成为吸引力。这是美学上的问题吗——你看，现在我都想念了。我这样年龄的人，还是有写信的习惯。那么好了，我就写信。"亲爱的朋友，你知道我多么想你吗？"啊，开头是多么容易。往下说什么？"有时想念得厉害"，这就要结尾了吧？谈艺术创作的经验大抵如此。有了好的念头，往往就是一句话，

或者连话都没有。我们在教室里画画，会提意见的老师，常常是先看你的画面，然后指着某个地方："啊，这里！""啊……这样……这样。"还不断地问："明白了吗？"学生即刻连连点头，最后扔下一句"你画吧！"他就走了。学生如释重负，也心领神会。谁知道他们交流的是不是同一个问题呢？没关系，绘画的学习就是这样，创作者与欣赏者之间一定是有距离的。如此，对朋友的感情——那种爱的基础是信任，或许只是自己的一厢情愿，但是得有，否则，你的想法怎么交流呢？

创作方法的改变必定带来观念的革命。是的，应该用"革命"这样鲜亮的字眼。对于从前日子的推翻，看来也不需要过分的宣传。我们看看眼前，所有的艺术作品，与过去的表达方式已经是相去甚远了。

《我们的生活》那三幅完成以后，我停下了。这期间我画了一些别的内容，也都有着各自的理由。过了几年，我又开始了另外两幅大寨题材的创作。现在想想，应该是大寨的，因为我画了陈永贵。陈永贵是大寨的代表人物，

尽管我画的不是他个人的肖像也不是他的事迹。在大寨人的照片中，他的模样是很突出的。他真的是"农民形象"的代表，他经常出现在画报和杂志的封面。我们欣赏那种感觉，没有人比他再合适了。我得承认，陈永贵对我的吸引，起初就是形象的影响——这有些幽默：一条白色的毛巾系在头上，还有那粗糙的满是风霜的脸。他的脸既长又瘦，嘴唇是厚厚的那种。这都是一眼就看到的。除此之外，我并不了解什么。只是近些年出于关心，偶尔看见介绍陈永贵的文字，我会浏览一下。这样，才对他的经历和为人处世方面有些了解。我的这种认识的确有点浮于表面，但已经不是陌生，我毕竟在创作上接触了这种题材。作为一种绘画的内容或者说绘画的技巧，获得了，它就在我心里一直搁放着。

这一次创作没有了从前的犹豫。我对着图片，我在做着写生。我做得非常仔细。持写实主义观点的人都宣称：不画眼睛看不到的东西，现在，我得用上这种说法了。因为在绘画时我发现，我的想法正是如此。

一旦明确了什么，心情自然也会很好。所以，我马上就要告诉你，这件作品的名字叫《那时候》，是先于画面而出现的。这是很重要的情况。这说明我要表达的主题已经清楚了。《那时候》面朝从前，意思直接，没有隐晦的东西。我记得在整个创作过程中，我没有分心，我很注意细节，我不愿意添加一笔自己的东西。我掉在了那种仔细观察的"坑"里。我费了许多时间去研究图片，一寸一寸地研究图片上的信息。我把我的发现视为宝贵的内容。"兴许它就表示着什么呢。"我常常这样告诉自己。"岁月的痕迹呀！""得小心……"有意思的是过后，是作品完成以后的几年吧，我发现，也许我在尝试着一种有意义的绘画生活，这与传统的文人画家是完全不一样的追求。我没有"胸有成竹"，我没有"意在笔先"，我始终是在观看，在体会自然中对象的样子。这是一种学习。我把自己放在很有现场感的状态里。

我是在严肃坦诚地工作。

现在看，抽象地谈论画面的结构也是问题。假如我们按照传统的中国画的笔墨思维去判断，绘画的内容怎么得以实现？我们所表达的人物和故事都是具体的，随心所欲地去处理它，我担心，我们最终失去的就是绘画了。

在我写的这些文字里，我应该避开自己，这一点我清楚，可是我总也躲不开。我得好好想想，避免我的绘画感受在这里变成流畅的文字。

那张有陈永贵修田坝的照片，很是耐人寻味。照片记录的是大寨受到了自然灾害，大寨人正投入修复梯田的劳动中。陈永贵穿着他标志性的衣服。不知道是谁的主意——为了什么要拍下这张照片？我不知道。可是，我是相信的。陈永贵那双大手说明了一切，我们应该相信。

看着这张照片，我像读着一部小说。是长篇小说。每个人都有故事。他们像英雄，也像我家的邻居。

大寨人把倒在泥水里的玉米一棵棵扶起来，我看见了还有这样的一张照片。而我现在画的，是玉米已经站在了地里。我家的自留地也遭过水灾，那时候我爸领着两个哥哥还有我，我们就是那样做的。

大寨的石头很坚硬。我们那里没有梯田，没有这么大块的石头。

如果有人问我，现在的画面上，你的追求、你的主题已经很清晰了呀，绘画过程还有未知吗？实在地说，这也正是我害怕的事情。我想象我置身一个广场上，我在赶火车。目的地都清楚了，周围也有很多人，可我时时感到孤独。有人把旅途说得非常具有诗意，我佩服这种说法。我也相信认识的方式的确可以转换，角度不同，结果一定不一样。依我的体会，画家是可怜的，哪里有那么多的自信。画家拿着笔，到处讲着、说着，广场上的人听懂了吗？他们都是赶火车的。火车的目的地在四面八方，广场上人们的目的地也在四面八方。

我一个人把纸用图钉摁到了画板上，此刻的感觉已不是孑然一身了。我走进那种劳动的环境里。我不断询问，我想知道那些人在那种情况下的心情。我是满怀敬意的，我想和他们融为一体。现在我感到困难的是时间，时间阻碍了我们的交流。

人和人是多么的不同。那些照片上的人，他们身上有自己的品质，他们有为集体的利益

我不理解大寨大队部后面那些窑洞算是什么样的建筑，那种感觉很像学校的学生宿舍。这是我在窑洞顶上画着下边的院子。（摄影　梁子）

我很愿意看经过风霜的砖墙，每个局部都是画面。在一座老房子的外门额上我看到了"慎守操"三个字，从前这里堆着柴草，门额是用草泥抹着……谁的主意呢？是故意而为？我无法猜测下去。（摄影　梁子）

牺牲自己的美德。但是，在今天，我们该是怎样去理解呢？重要的是，如果我们重述那种精神，还有没有意义。我们听过了许多说法，似乎都在强调政治下的一种结论，现在我想，如果越过这个层面，会看到什么？图像有些时候就是这样，它单凭"自己"，凭本身的魅力影响着我们。我相信图像的力量。

也许你已经发现了，我知道我要表现什么，可仍然在为它发愁。我无法满意现在的说法和判断，我得自己去寻找。我把这一次的绘画看作是在做建设工作，这是为了自己。我的这类作品，得说这一个时期吧，明显有着"模仿说"的影子，这是指绘画的观念，也是指绘画的行为。怎么能使人相信这也是一种创造呢？除去我自己在绘画时的体验，还有就是别人面对画面的感觉了——这似乎更重要。对艺术的认识，我们知道从来就存在不同的看法。但是，它一定是关于真诚和真相的。所以，我把这些创作当作一次研究，就像学校里的学生，毕业的时候需要交出一篇论文。我的说法和行为有点严肃。说真的，我都想了，应该在绘画之后搞个仪式。农村里每逢大事都有仪式的，比如盖房子、娶媳妇，比如开荒种地、养牛……哈，仪式不在于表面，你别以为今天什么都不讲究，更多的人是把它放到心里了。

这一次绘画的确特别。不是吗？这种没完没了的思考，是由回忆引起的，却没有使我仅仅处于回忆之中。相反，它不断地开花，不断地生出新的枝丫。同样的意思，并不是我时刻准备着继续创作。是忽然的某一天，忽然的一种情况下，我又重新画了。就是这样。在《那时候》完成的第四年，我用了相同的方法，创作了一件更大的、类似传统绣像的长卷《中国·农民》。

这件作品或许可以有另一个名字，我曾想过，叫它《历史》。这是当初的一种考虑。只是这个名字听着有点沉，还容易使人浮想联翩。我忘记了还有别的什么原因，总之，那时候的想法很多，我都给放下了。

过去了这么多年，我还在纠结这幅画的名字，你能看得出我是多么在意它。但是，这种情况是不是说我始终处于举棋不定之中？而大寨人合影的照片——我依靠的绘画材料——却是再明朗不过了。照片上的人与我们参加某项活动合影时的心情一样，就一次纪念照。这么说有点普通了吧？可是，当知道他们就是学习大寨的年头里天天出现在报纸上、出现在广播里的人物时，你还会认为照片普通吗？

是的，我记忆中的乡村生活，一部分事物都已经不存在了。恰好遇到了这些照片，让我得以感受逝去的时光 激动不断延伸，我把希望和满足都放在了那里。我的绘画也在那里。照片上，那些人深沉、热烈，洋溢着生命的光彩，在那个时刻征服了我。这是单纯的一种感情行动。在实际的生活中，人们在做一件事情的时候，并不会想到它的将来，想到这种事情所具有的抽象意义。就像大寨人在劳动过后或者劳动间隙休息时，手里拿着工具拍照，就是拍照的。他们不会去想这后来的事情，不去想多年以后我会依据他们的照片再一次创作。

我端详着照片，我看到的是农民一生的痕迹。——那些人在阳光下，我以为是夕阳，因为我感到了暖，是冬天里的暖。那些人的笑真是灿烂无比，是没有经过合计直接就笑了，单纯的笑总是令人神往。在那些人的笑容面前，所有的描写和形容都显得没有力量。

如果说画家总是充满感情地画着自己的作品，这一次，我却想说，我放下了感情。我很平静，是泅渡波涛汹涌的大海之后的平静。那时候，我很奇怪，仿佛什么都没有发生过。我像面对一纸小楷的拓片，我一笔一画地写着。我只想记住那些字的笔画，也包括笔画之外的拓痕。我不知道那一刻我在哪里。与以往不同的是，我也意识不到别人的存在。

那是一段真实的生活而非虚构的故事。然而，我感受到的真实变得模糊了。也确实，《中国·农民》这件作品消磨了我很长时间。生活中的农民英雄，到了画面之上该呈现什么状态？现在的问题就不简单了。回想起来，那段时间，每一天，我都怯生生地捧着那本大寨的画册看一会儿。我不知道是哪里不够。我不敢贸然动笔。我只能毫无目的地翻看，一遍一遍地翻着。形象的感染力真是琢磨不透，翻看那些照片时，总是想起我的家里，想起我爸、我妈、我哥，想起我们村里的那些人。他们辛苦了一辈子，若有点良心，谁都会给土地上生活的那些人祝福吧……

　　我已经告诉你，我用了很长时间，在画前翻着照片胡乱思想。不是在画面上，这有悖于通常的做法给我带来了不安。"人从来不知道自己在干什么。"——现在我相信了这种说法。我好像要解释什么，也好像在对自己做着分身之术。亏得还有绘画，我可以把说不尽的内容置放到我的画面里，不然我就走不下去了。我不知道自然中的形象对所有人是否都有感染力，我只能说我。具体一点，大寨人在照片上留下的笑，让我为之惊叹。它的力量超乎寻常。在我茫然不安的时候，那些人的笑容使我看见了永恒——世道的变迁，远远没有笑容值得眷恋。这也促使我考虑，劳动对于人，该是有多大的裨益呢？

　　绘画的形象是要把人物凝固在某一刻吗？将过去放到今天，究竟成为什么样子好？怀疑在绘画上的体现就是不断地把自己剥离出去。这是一种十分难以把握的方式，一方面我们感慨绘画没有力量，一方面还是不断地坚守着使命。我不认为艺术行为是一种破坏，不过是有些时候它呈现的内容与通常的看法不大一样。

　　出于画家的职业心我有些惭愧，因为画家总是得画吧？可我这一次的创作好像没有把绘画放在前头，其实不是。我不喜欢"举笔不轻意落纸"那样的说法。我确实在想，在"静虑"，我在说个人的感受。别忘了，这是作品完成许多年以后。这期间我会遇到多少事情？会有多少的看不惯？我把这些都作为问题放在这里。你不会觉得，我说当时就仅仅是当时吧？

　　"大寨"的内容的确特殊，但我觉得，要以人的生存之道去理解农民，不能否认他们的生活。所以我强调了农民本来面貌的描写，是在寻找一些证据。证据不在我们手上，证据只在有经历的人的身上。这是对着时间，对着人性的研究和认识。

　　照片上的大寨人都是具体的。我们也不要低估后来人的认识能力，这也是我要画下他们的真正目的。是的，我要同后来人交流，在这种意义上，我的作品实际是一种补偿。我也愿意使我的语言有些趣味，但不会加上正确或者

这种窑洞式建筑很特别，我在那房顶上走过，就像走进了历史。我想起延安的所有的窑洞都应该是连着的。(摄影　梁子)

虎头山上是一派秀丽的景色，与我们从前在画报上看到的不一样。我在那里画了两幅风景画。是的，是风景画。(摄影　梁子)

唯一。画家要尊重看到你作品的人，他们参与了你的创作，他们很重要。

照片上的陈永贵我们清楚。其中还有一些人物，也都是当时的劳动模范。只可惜我没有对此再做深入了解。也是由于我的作品的构思——算作时间的影响吧——我放弃了对他们作为个人形象的刻画，我使他们整齐划一，强调了"集体照"的意思。那时候，我想这样认识大寨或许更好、更准确。这样结局会是什么样子？你看我又没了主意。

大寨人的笑是最让我感动的状态。这是原来照片了不起的贡献。但是，他们的笑在画面上被我消减了，随之而来的是整体上的另一种突出。我愿意你能注意到我的处理。我想把这些人物放得远一些，有点迷离恍惚的时间之感。

至于照片上定格的细节，我必须得抓住——那些粗糙的手，手中握着的铁锹和镐头。哦，我最熟悉的农具，在中国土地上，它们的存在超过了千年吧。看着它们，不知为什么，我总是想起古代的战场——好像我从那里刚刚回来一样。我嗅着那种特殊气息。我相信气息

是固定的。

绘画过程中我经常发现很好的主意，因为它是突然地冒出，而且常常一闪而过，我必须随时把它捉住。这样，我的休息就变得混乱了。——我得整天考虑着画面。绘画最终的影响不是单独的色彩或线条，我们期望一幅画面是统一的整体。各种关系的调解和把握，大概也得属于思考的范畴——它不会是纯粹的蛮力。

我总是以为，诗性的表达，于艺术创作是一种了不起的境界。在绘画的认识上，我也是这么看的。我们听过诗的朗诵和演唱，不过每一次我都后悔。表演出来的东西怎么还是诗呢？那种表演，正是对诗歌的破坏。诗的意思只可以是朴素地说着，或者它仅仅属于文字，欣赏者就是面对文字冥想。我们面对一幅画呢，其实也是这样。是的，最可赞叹的那部分内容，它会震惊你——我们说心里有了感动，可是，怎么再向别人描述？

当年拍出图片的那些记者，他们是为了一时之需吗？随着时间的流逝，图片却展现了比事情本身更有意义的一面。我想这不是对于某

个人的行为而说的，图片的价值已超出了它的本身，这是一个广泛的社会问题。我说过，我们像是在做某种研究，或者在写一篇论文、一篇小说，这样看来，"当时模样"是作为证据存在了。

正是如此，我把所思所想放在了那里。我像放下了一个什么物件，尽管它曾经十分重要。在我放下的那一刻，我依稀觉得，我要离开它了。同时我也意识到，对这里的一切，我已经无能为力了。

就像那些镐头、镰刀，我曾爱不释手，可是，仍然得把它们放下，把它们放在田地里，它们是田地里的东西。

我画了大寨吗？对此我似乎已经做过表白：我是在画我们村子里的事情呢。这不是谎话。因为我根本上是不了解大寨的。我只知道村里的事情。再确切一点，我只是知道我们家的事情。社会上热火朝天学习大寨时，我还是十一二岁的年龄呀。获得消息主要是通过公社和县里的广播，还有就是写在房屋墙上的标语。但是，我还得说是了解的，毕竟那是关于种地

的劳动。在我的印象里，人是需要劳动的，农村的孩子都懂得地里的活计。那个时候，我最不明白的是城市里的人怎么区分不清草和庄稼的小苗呢？在我家的饭桌上，一说起这事，我们兄弟几个就乐得"跟什么似的"。

我家有一块自留地，那是生产队分的。在计划经济的年头，这也是一种"特色"，就是每一家每一户都有几垄田，可以种粮食，也可以种蔬菜。这计划之外的"计划"全靠每一家的"头脑"了。我觉得我爸我妈把那块地计划得就很好。我们家一年四季都是有蔬菜的，这在村里是很使别人羡慕的日子。我家的园子里还有一口酱缸。酱在农村是难得的美味，无论夏天和冬天，谁家的桌子上有一小碟酱，吃饭的时候就会其乐融融。我记得对面的几户邻居时常来我家要酱吃，每一次都是端着小碗或者是端着一个小碟子。

我最初参加劳动就是在门前的园子和自留地里。我把劳动视为"生计"也是从那时候开始的。我现在说的"家里的农具带着感情"其实分量很重，不是流行歌曲中唱着的那种抒情。我爸去世安葬的那天，我就看见我妈在园子里

转悠，她翻来覆去地叨咕："小镐子也在，铁锹也在……"我知道她下句话是"人没了……"我没有勇气听，我躲开了……我能想象出那时候她说话的全部意思，那真是悲伤无限呀！

我画大寨的那些人，他们可都是拿着镐头的，和我们村里人一样的镐头，也是我爸、我哥和我在田里干活使用的那种镐头。

我想我不应该继续描述什么了。这是一部历史，那一页已经掀过去了。我惊异一把镐头怎么使用得那么久？好像从铁器时代就是这样子。但毕竟是终于过去了。前几年去农村，我感受到了不一样的劳动工具，奇形怪状的使我"很是打脸"——我自以为是伴着土地长大的，看见了田地里的农具竟是不认识。农村的变化已经使我感到陌生了。

我无法知道别人怎样看待这些作品，在我看来，这也算是重要的事情。我不认为艺术创作仅仅是个人情绪的某种表达，深刻一点说，它是具有社会意义的活动，它影响着人的精神和生存的质量。我得说，理解这一点十分艰难，

不是简单地浏览相关的书籍就可以解决的事情。

创作不是我们按照自己的意愿去编造故事。作品的出现总会伴着一些偶然的因素，其中也许还有我们并不清楚的东西，这许多的不确定使得作品的内容变得更丰富更有人情味。如此说来，我现在所做的就是一种尴尬的事情：今天我看自己从前的行为，也觉得有点不可思议。我们无法做到观察自己像观察一片风景或者一棵树；也不会觉得是在公园里，随便找到一把椅子就坐下。我认为，这样的轻松，不是正常的态度，尽管时下里很流行。

透过我的回忆，可以看出那时候我对绘画的态度，应该不是简单投入了。我本想只谈大寨的几张新闻图片，可是，我进一步想了，事情就发生了变化。我无法做到理性，我无法把我的生活实际从那些图片中剔除掉。事实上，我见到那些图片时就已经冲动了。我有着对图像的敏感，这是天生的性情，还有就是我的工作所致。怎么往下形容呢？就像恋爱时节的青年，看什么都是多情的眼神。那时我看到这些图片，碰巧又是熟悉的内容，亲切感油然而

我坐到了郭凤莲家里的沙发上。我不知道这里曾经坐过多少人。我感到那是平和的环境，空气中是田地是庄稼的味道。我们悄悄走进郭凤莲家里，我们没有大声说话。其实是好几个人，拍这张照片时大家躲开了。（摄影　梁子）

离大寨最近的村庄，像是一个小镇，临街的一面建着楼房，临山的一面建着窑洞一样的房子。中间留出的空地是一个广场。那一天正在准备演出活动。（摄影　梁子）

生，自然就要进一步地走近了。抽芽吐蕊的春天，季节里隐含的诡诈被我弃之一边了。这是没有目的的创作，并且我不知道自己究竟想表达什么。

有些时候我对自己的行为也是不解的。你看现在，关于这几件作品就可以写这么多，而有些并不属于绘画范畴。但是，我觉得应该写出来，不是说话。说话和写出来并不一样。它们都是独自的行为。关于文字，其实你写完即可放下，放在那儿，等待阅读。即使只有自己重新再看，也没有关系。说出来的话可能会随风而去。当然其中有着境界和品位。而绘画不必依靠文字也不必依靠说话，它是独立地待在那儿。艺术生活就是一种事实。因此，创作的本质是实现一种沉默。

那几件作品——《我们的生活》《那时候》《摘苹果》《中国·农民》，在绘画上已经完成了，事情却还在发展。我不认为我的作品已经到了什么程度，而是并不完美。哦，那件《摘苹果》我还一句没有涉及呢。这是一件特殊的创作——我没有把它当回事吗？它的确一直卷放

着，到了现在也没有托裱，说明这是我始终放不下的画。首先是作品的内容。如果我不把它放在这里，没有人会认为这一件也是体现"大寨精神"的。这张图片上原来的文字是这样写的："大寨大队在大搞农田基本建设的同时，还进行了大规模的植树造林。荒山播种三百多亩，植树六万多株，其中果树三万八千多株，每人平均一百株。现已有三分之一的果树结果。"是的，我们大队也有一个果园，那里也种蔬菜。后来我们到了农场，我惊奇的是农场里也有一个果树队！每到秋天，我都会买些苹果放到宿舍。但是这件事被我忘记了。我在小的时候，对于吃水果很不在意的。或许出于这个原因，《摘苹果》这一幅我也不在意了。现在我重新整理这些作品，忽然对它又产生兴趣，这该怎么解释呢？我想，每一个时代都有自己的内容，这是生活，生活必定是具体的。那么，我把图片上边的毛主席语录同时抄下，是否就帮助我们说明了问题？"人民群众有无限的创造力。他们可以组织起来，向一切可以发挥自己力量的地方和部门进军，向生产的深度和广度进军，替自己创造日益增多的福利事业。"

从那时起到 2018 年，我又画了一些别的题材。近二十年吧，大寨被我忘记了吗？没有。那几件作品虽然很少被人提起，但是，由于创作方式特别，它们仍然是重要的。

　　人的生活其实都很平常，经过剪辑就会像电影一样，组合成各式内容。这一次我去了大寨——不是在图片上——是脚踏实地了。机缘来得也突然。是一次拍摄画家的视频，为了拍出一点个性，几个人在一起讨论——现在有人专门做这种"文化公司"的。导演翻看我的画册，他对大寨那几幅有了兴趣："我们去大寨吧！"那一瞬间，我的热情之火迅速燃起——你知道，我没有去过大寨。要是以往，我会认为拍摄这种视频是最没有意思的。只是因为大寨，我开始激动了。你理解吗？这一次，我做得十分认真。

　　我们几个人坐在车里，一路上说的都是关于大寨的话题。大寨的故事的确太多。一进入大寨的地界，聊天就变得没心思了。我脸贴着车窗，我在四处寻找。我在找老朋友，在找亲人，每一次回家里我都是这个样子。隔了很久没有回乡的人都会是这种样子的。——我好像是很熟悉那里。一开车门，我跳下去，比画着给同行的几位介绍："这是……这是……"哈！大寨的景色与我看到的那本画册一模一样。我不相信有了变化，那些地方是我一眼就认出的。

　　我踩着大寨的土地，我来回地走着。谁能说出我是什么心情？是的，摄像机摆在那里，有几个人围着摄像机忙活。也有人跟着我，他们要拍摄下我的脚步。这样的场面今天没人会觉得陌生，表演已经习以为常……这种事情在大寨这块土地上更不算什么。大寨人见过世面。——"这就好了。"我心里想。我不认为我为了镜头在走路。我也不以为摄像的那些人存在。那时间，我只会感到脚下土地的松软……我像是踩在了蛋糕上，是一块巨大的蛋糕。我是在过生日。我在甜蜜上走着。我突然想起一个问题：当年我见到的图片上，为什么有那么多大寨人在冰天雪地里劳动？很幼稚吧？我们因此常常犯着错误。我想起了我爸我哥，我想起了照片上的那些人，我想起了倚着镐头笑着的所有人。

摄像机离我很远了。我听到他们在喊："再来一遍！"为什么……咳，听他们的，我是在做今天的工作。已经不是从前了。

我们住的地方紧挨着郭凤莲家，也可以算作她家的下院。那家的门上横挂着一个牌子，明晃晃地写着"铁姑娘客栈"，这是我见到最响亮、最直接的广告，而且是最有特色的。"铁姑娘"这三个字不一般，这三个字出现在今天的大寨就更不一般。我问同行的朋友："你们……我们谁在今天愿意把这三个字放在女孩子身上？"当年这可是专门赞美女孩子的。这是一个时代给予她们的荣誉。在一块贫瘠的土地上，男人和女人会有多大的区别？——陈永贵的父亲带着他逃荒到了大寨，他父亲把他母亲卖了。给我说这事的是一位长得很结实的女老板，哦，也可能是服务员。她说到这里犹豫了一下，她看着我，眼睛里闪着不安。我接下了她的话："我明白……那年头，是让女人能活……"

后来我想，"铁姑娘"放在山西的土地上，是不是话里有话？是不是粗看明了，细想很复杂？尤其以今天的角度去考虑，这几个字的意思更是控制不住了。我和所有人都差不多，在路上行走，看到好看的姑娘，难免不去回头。我不想这样胡乱地想下去。我只说事实。那几天过后，女性的主题就一直沉潜在我的心里。

从大寨回来，同样使我意外的是，我重新看我的那些作品，它们莫名地生出一些温情和妩媚。你知道，我画的时候，是没有考虑这样一种意思的。在作品中，我尽显的是男人的感觉，我一直以为我在画男人的硬朗，男人的粗糙，男人的力气。谁能告诉我，现在的感觉算是绘画的收获还是土地上的感应？总之，我看到了光彩夺目的别样内容。

这是我第一次到大寨。难以说明的是我的心情。尽管我已经知道了那里的变迁，可我仍然想去看一看。我还是依据当年新闻图片上留下的信息，我相信那些地方都在的。去看什么？同行的朋友也在关心着我。他们拍下我行动的图像，说是寻找过去。可是，那里没我呀？我在那些长草的地方转悠……从前大队部周围的草长得很高，那些房子也没人住了。我摸摸剥落了的墙，摸摸锈迹斑斑的锁头……我像是在舞台上，还像是在厚厚的书本里。那一天，风稀稀落落，太阳像烙铁贴着我的脸，这使我感到我与那里的关系是真实的。在那里我没有见到什么人，只有两个孩子在院子里跑着。还有一个妈妈，是教师。那一天是星期日。

我不知道我要做什么。我好像失去了和他们交流的能力。我只是按照拍视频的要求，装模做样地走近几个人。和他们说了什么，现在全然不晓。

又一天，是在上午，我到了虎头山上。我看到了陈永贵的雕像。那雕像做得太大了……我没有关心是哪位雕塑家的手笔。在陈永贵的墓碑前，我轻声地说了一句："大叔，我看你来了……"很轻的声音，没有人可以听见。我们这辈人都是叫他"大叔"的。哦，我得想点别的，那时我心里很热……我想起了陈永贵的一个故事。那一年夏天又发大水了。他正在县里参加会议。他担心他们修的梯田，已经连续两年都被洪水冲毁了，他担心这一次。他要连夜赶回去。正是雨季，正是发水的时候，其实已

经没路可走。他回去了，水里的危险就不说了吧。全村人眼巴巴都站在雨水中等着他……村里人告诉他，梯田冲毁了，房子冲毁了……陈永贵急忙问："人呢？""人都在。""那就好，我们再干！"——他们都是不服输的硬汉哪！

看着那片土地，隐隐约约我感到有些不适应。周围不时走过旅游者，他们手里都举着手机。倘若这里就是一片风景呢？而现在，我们是否能够与大寨人分享这份无奈？

别忘了，我是一个画家。我坐在虎头山上，摊开了一个小本子和随身带来的画具。

那不是激动的时刻，也不是辩论和争吵的时刻。可爱的生活呀，我不能认为那里什么都没有发生。过去是一种漫长。即使最狂热的情绪，终将不过是片刻间的事情。

我看周围的朋友，都在忙着自己的事。这里已被开发成旅游景点。一个景点就是一款产品，这是比较专业的说法。那么，那里的产品会是什么？把一些人曾经的生活放在明处，那

大寨田，在虎头山上 从背一对口望写
2018年 5月13日

虎头山上的大寨田，现在是绿油油的一片。

我住的客房前，就是这样的一片梯田。

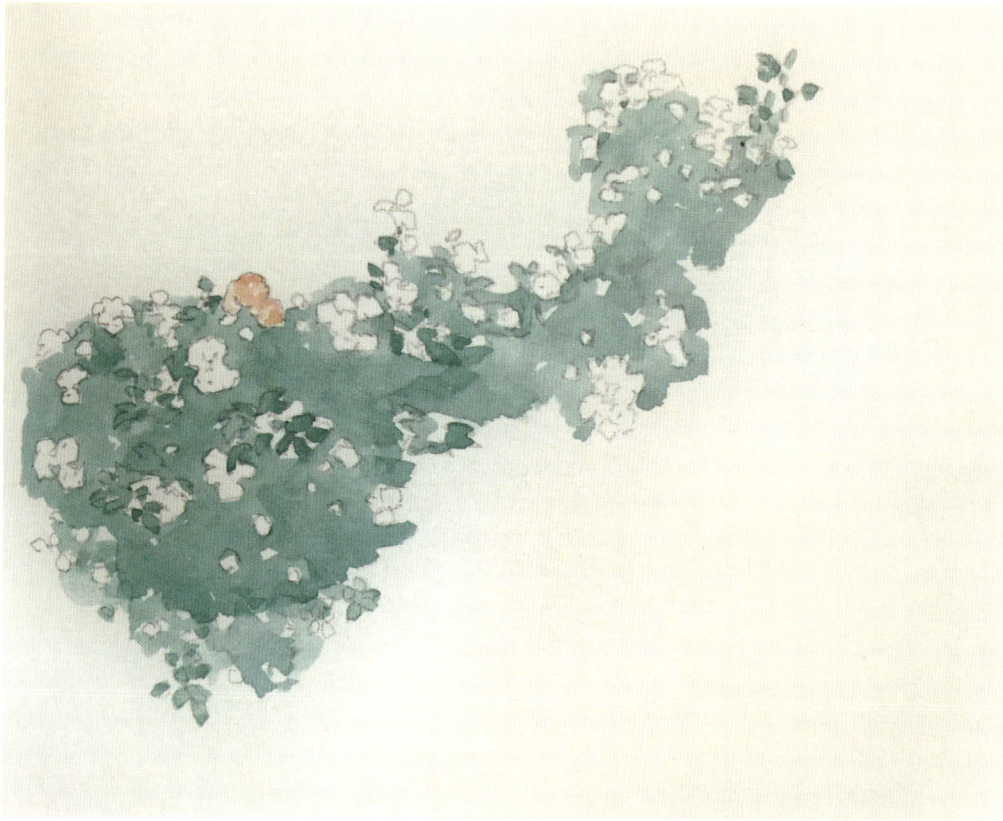

　　我住的地方紧挨着郭凤莲家。我见她了，她家院子里的墙上也种了这样的"墙花"。我是在我的房间里，望着窗外，像记日记一样，记下了这一墙的情况。

些人的努力、奋斗和牺牲就像是戏台上的演出——一幕一幕，我们看到的那种感动又使我们铭记在心……这会成为事实吗？我们可以把话题展开得宏大一点：在人生亘古的旅途中，我们的疲惫可以这样歇息而得到解决吗？

是的，我们在坎坷中奔跑。我们不可能回避现实中遇到的问题。

我不知道别人怎样看待绘画。我看到有些画家把绘画说得十分复杂，尤其是中国画家，把绘画弄得像是在云里雾里，结果更糊涂了。我对绘画的认识就是直接去体会。我们看看眼前的事情，没有感觉吗？就像"天很热"，或者"有点凉"一样，你说出来就是。这里有点难的是画家怎么把那感觉画到纸上。其实，先不用多想，你拿起笔来画吧——一块颜色画到纸上和你想的不一样，那么，再调一点其他颜色看看。不然就换换方法，反复试试。我们过多地强调"天分"，实际上是为自己找理由。事情都是这样。学习需要时间，需要一点一点地体会。这是没有现实利益的事情，所以做起来才难而又难。

在大寨，我也画了几件作品。画面上没有人物，是纯粹的风景的写生。我很看重它们。我把它们放到这里，作为我对绘画的认识和画家行为的说明。话题令人费解了，你就当是一张张照片吧。但是，我觉得它们有意思，因为这样做的实质，是在研究生活。

中国画的传统之中是有"山水"这一种类型的，而我现在所画的不能归为这一类——也是不好说透的原因。就像我画的大寨题材，难说是同意从前人的种种主张，可是，我得尊重他们。

我用简单的方法画下我见到的大寨。即使是几笔轮廓，也是在描述我感受到的亲切——是其他方式无法表达的东西。

如果从陈永贵他们算起，我们面对的可能就是两代或者三代人。我感慨这几代人的生活，他们遭遇的环境是多么的不同。图片上的那一代，这是我们谈话的主体，他们要改变世界，他们有无限的牺牲精神，才呈现了现在"七沟八梁一面坡"的样子。这是一种文明，是中国农民吃苦耐劳品质的具体体现。他们完成了标志性的工程，同时也就消失在他们创造的历史里。

今天，我们在虎头山上见到的只是自然一样的景象：绿油油的树木，翻过的土地，刚刚种上的庄稼，水汪汪的一片连着一片。那是生长仙女的世界——这不是遐想，这是现实，我画的就是这种情况。

类似的画面，我画了两幅。在画上，我分别记下了这样的内容："大寨田，在虎头山上，如梦一样地睡着。2018年5月13日。""虎头山下，我住的客房前，就是这样的一片梯田。傍晚，我开始画，吃饭了，我只是画完铅笔的画面。是第二天早上，14日的5点钟，我起床开始画颜色。一片温暖的颜色。"

去大寨，我是很在意的，同行的朋友也都清楚。可是，我的不安呢？我只能把它藏起来。哎，这种情绪是很难说出来的呀……我知道那里已被开发成旅游景点，我已经表明，对此我是有看法的。所谓的开发，其实是在改变它本来的品质。无奈的是，人性之中确实有着无法治愈的疾病，这一点我毫不怀疑。但是，人的

觉悟也正是在于为治愈疾病而努力。在这个问题上，过去的生活给了我们经验——也是传统吧，强大的美学和情感的冲击力，于艺术作品中，一次一次地帮助我们克服身上的弱点。

我对事情的看法在这里自然是受到大寨的影响。在现存的记忆中，有些看法我觉得不仅含混，还是相互冲突的。我知道我没有解决它的能力。我把它交给了时间。这与我这一次去大寨的目的完全不同，因为我心里总是想着要"还愿"的。

郭凤莲是大寨我最惦记的人，尽管我没有画她。她当年和现在都很著名——她是陈永贵之后大寨大队的党支部书记。我去她家见了她，我知道她的模样。她的声音那几天我也听惯了。我在她家坐了一会儿，那是几个沙发布置起来的空间。我们坐得好近哪……我看见她脸上有了不少的皱纹，很细的，因此并不明显。至于所谈内容已经无关紧要了。我想不起还有什么事情要问她——大寨的一切，都已经明晃晃地摆在那儿，以此聊下去，说实话，我害怕那种事情发生。

郭凤莲家里很宽敞，干净整洁，屋里屋外她养了花草。我到那里的第一天早上，就看见她给院子里的花浇水。郭凤莲的日子过得很平静。

见过她之后的另一天，我在我的房间里画下了窗外的一墙花。那花侍弄得很好，看起来清爽。是很普通的白色小花，有一些红色的散布其间。

我用淡彩记录了那墙花。"而我想的是昨天见到郭凤莲。"这是我写在下边的一行字。

——我好像没有说什么，郭凤莲也没有说什么。现在回想着，我们见面也像照片，像一张从前的照片——她的坚定还是看得见的。

从前的大寨，我们对于它的了解，都是在公开的新闻宣传中。可以说大寨没有新闻或者它天天是新闻。这样曝光率极高的一个地方对任何人来说都没有什么秘密。一切都是熟悉的事情——我们认可这个说法。可是转念一想，又觉得它十分糟糕。如果说的是绘画，其实你忘了一点，绘画得有画面，画面形象的具体才是最重要的。这实际是提醒看画的人：绘画是可以读进去的。连接我们和作品的纽带是生活中的感情。这是看得到的，并且谁都能够懂的。

从大寨回来，我又翻开了家里的那本画报。也是夜深人静，我一个人，我仔细翻着那些图片，是的，那是由图片组织成的一本杂志，其中还有不少文字。一般来说，对于过去的生活的了解和认识，必须得查阅当时那些介绍。我算是经历过那个年代的生活，可毕竟年轻啊。

我的眼睛停在了一张照片上，那是大寨人在劳动的间隙时，读着毛主席的书——这个场面我见过，我在五年级时学校参加生产队的劳动，就见过这种事情。这种场面，那本画报里挺多的。如果单从画面来说，比这张照片好看的还有。可为什么偏偏选择这一张，并且我要把它画下来？告诉你，完全是因为照片上那个读书的年轻人，他太像我大哥了！大哥已经不在了……1966 年，他在县里读高中，这在村里人看来已经是有出息了。可是读了一年书，他开始参加"文革"中的"串联"，然后又在学校文艺队里蹦蹦跳跳的一年多，就毕业回到生产队了。大家固然也是另眼看待，但不过就是干活累了，坐下来让他读读书和报纸。我觉得那个时候大哥还是很高兴，因为那是他"找对象"

的年龄。每一次不管大哥读什么，我都是仔细听的那一个。啊，我得把大寨照片上的那段文字抄下来，避免今天再看时的莫名其妙。——"严重的自然灾害能把大寨人吓倒吗？不能！他们说'灾害有什么了不起，它无非也是一只纸老虎'，'洪水能冲毁我们的庄稼，冲不了我们头脑里的毛泽东思想'！大寨人在与灾害斗争中，更加如饥似渴地学习毛主席著作。"

我画了，也像捧着一本书。读懂一本书得需要时间。没有时间也是画不出好作品的。所有的激动都是在孕育和创造生命。它在穿过我们的身体。绘画中的美一定是大家共同的拥有。我不能把我的感情排除掉，那样你再见到的就会是一种空洞的东西。我得带着我的经验去画

那些形象，因此才有了画家乡、画亲人一样画大寨的想法。这种创作方式似乎有点不正常，但却是我的那些作品的"常态"。

我的作品所表现的内容不在宣传、歌唱的行列里，它们是直接面对劳动和土地的思考。我对大寨的感念，仅仅是限于个人的认识，我没有关心普遍意义的社会情绪。我表达的意见明显带着我的执拗与偏颇。但是，在整理这篇文字的时候，我没有对此做出删减。我想，这也是一种看法吧，毕竟我们说的是从前。

有一天，可能很远，发生了我们意想不到的事情，比如，我们不需要土地了，我相信，出于人的智慧，无论情况多么复杂，人们仍然会像理解爱那样理解我们现在的行为。

从大寨回来后，回想大寨的生活，我又想起了一个重要的内容在我的作品里没有涉及。我找来大寨当年的图片，用这种方式重新画了一遍。图片下边的文字仍然得抄下："严重的自然灾害能把大寨人吓倒吗？不能！他们说'灾害有什么了不起，它无非也是一只纸老虎'，'洪水能冲毁我们的庄稼，冲不了我们头脑里的毛泽东思想'！大寨人在与灾害斗争中，更加如饥似渴地学习毛主席著作。"

1988年，我和一位朋友结伴去了西乌珠穆沁旗。这是我第一次到草原，尽管在此之前我已经完成了连环画《嘎达梅林》的创作。

四
青葱草原

也许你已经知道，草原题材的绘画在我的创作中分量很重。比较早一些的，是1982年的连环画《嘎达梅林》，那是和学校的另两位老师共同完成的。之后陆陆续续画了不少，作品有系列的，也有独幅的。总体来说，这些绘画没有离开绘画时的孤独，尽管在画面上看有着激情和浪漫。我想谁都可以想象出创作时周围的寂静是怎么一回事。现在比较难说的是我的心情，究竟怎样看待这种事情呢？因为我对草原是不了解的，即使像旅游和写生那样的活动，我也仅仅有过两次——确实是两次。没有对一个地方的切身了解就假以其名去表达什么，我觉得是对它的不敬。

——我对草原一往情深。这话又是怎样说起呢？就像发自内心地爱某一个人或者一个地方，这可能会带来心酸和悲痛。但是，如果这种意识来自于曾经的依恋，或者它就长在身上了，我仍然会觉得这种付出的难得和高贵。那时候，一想起草原，我觉得那里都是阳光的，然后就激动得不行。不过这些年间，这种感受有些淡了。或许是年龄的原因，草原在我心里又生发出新的内容，同时感到那里也是穷困、艰难，变化无常的地方。如果草原上只有莺歌燕舞，这种草原是什么呢？

《嘎达梅林》的创作，起因是出版社的连环画约稿。后来进入了绘画的创作阶段，对它影响最大的就是那部著名的同名蒙古族民间叙事长诗了。

还是在1978年年末，我去山西永乐宫临摹壁画，回来路过西安，在一个新华书店里遇见了那部长诗。也是缘分吧，在我翻开书的刹那，开头的几句——只是那几句就使我放不下了：南方飞来的小鸿雁哪，不落长江不起飞……如此辽阔而且还有苍凉之美的意象，怎么这么平常的句式就使它出现了呢？即使到了现在我也奇怪。我的思绪无法抗拒地被它拉向了草原。那一刻我好像没有了年轻，瞬间老去了很多。其实作为歌词，从前我是听过的，你知道它是那么有名。可是，从前为什么没有捧着那部长诗时的激动？生活之中总有着一些变幻不定的风，一会儿把我吹向南，一会儿又吹向北。过去了这么久——从我买到那部长诗到今天已经有四十多年了，我怎么还可以想到当初的单纯

　　我骑上了马。我想象着在草原上驰骋的样子。无论是谁，到了草原都会有英雄的感觉。这是因为那里的辽阔，因为辽阔而产生的壮美自然地使我们进入了"遥远"。我无法回到实际了。杀戮声像是歌唱和着天上的云朵，我热血沸腾……悄然而至的仙女，那一刻，我都认为是真实的情况了。

呢？哦，我没有把那部长诗当作故事来读。是随便的一行，随便的几个字，我随便地翻着。这样读诗，我觉得非常奇妙，即刻你就感到了遥远。现在，由于创作的情况，似乎不允许我任性地想下去，我们不能把过去的生活当成一张图片来谈观感的。

如果没有《嘎达梅林》的创作，我后来也许不会再有画草原的打算。人的一生之中，往往会面临各种处境，而每一次所采取的态度都是在不同年龄下的选择。我无法判断哪一种方式就一定好，因为其中常有着性格和天性的左右，这不是理性可以控制的事情。那么，应该放下介绍《嘎达梅林》那件作品，只说我自己，我的收获是什么呢？实际上，这是我一直没有忘记的问题。我不认为艺术家创作了一件作品，仅仅在于这件作品对社会的影响。在整个的创作过程里，在"这一次行动"之中对于作者的教益，这一点尤为重要，因为它涉及作品本身的价值和独立性。绘画的实际是，一个人凭着兴趣在做一件事情，不过这方面的研究我们给放松了，因此就不好进一步去谈当下的文明与过去的差距。

——出版社提供了一个讲故事的脚本。根据脚本创作，那是连环画通常所采用的方式。而我觉得，为什么不可以用本来就有的长诗呢？当我们决定用蒙古族那部叙事长诗作为脚本的基础，这件作品的品性，就不是简单的绘画了。

在画《嘎达梅林》的时候，我以这种特殊的方式接触到了"诗"，我依据诗的句子和意境调整画面，这成为我以后创作的一种经验。草原思想的自由和它的无拘无束，是把自然放在了前面，后来我的草原题材的创作，大体都是循着这种路子下来的。

在这里，我还得强调"草原上的诗"这样一种意识，因为我画了诸多这类作品。总体来说，对于草原题材的创作，其实我已经表示了我的担心：我们一味随着兴致，像旅游者那样来谈自己的草原观感，这是现在的文化现象吧——没有了牧民的实际生活，没有了他们的辛苦和无奈。我们对草原赞美的同时，是否感到这是一种对草原的毁坏呢？我们仔细想去，草原是环境，草原上得有牛羊和狼，没有牧民

舞蹈，《幸福泉》的主要演员乌苓华，曾受到伟大领袖毛主席、敬爱的周总理的接见。这是她为牧民演出。

——摘自《民族画报》1977年第5期

队员们演出自己创作的舞蹈《剪鬃场上》。

——摘自《民族画报》1977年第5期

的草场，到处都是旅游的人们在唱歌，如此下去，草原注定要消失的。这也是我反复回避谈草原创作的原因，因为我没有真正地进入其中。

我得面对我的作品，毕竟我把我的想法放在了草原之上。我还得换一个角度，我的草原如果呈现一种抽象，是否就不必再深究其他了？草原在我的画面上，可以是一种内容，也可以是一种味道、一种梦。总之，在绘画的时候，我感到了草原与别的地方有着明显不一样的东西。

像我这样回想着从前，时间一长，就容易跑得远了：本来都是一些不确定的事情，怎么可以再把它攥在手里？绘画就是对着未知，我始终相信这样的解释。因此，我总是依靠着自己的身体，我觉得本能是一种牢固不变的东西。现在面对草原我所表达的也是身体，那是自然的年轻的身体，它是一种存在。我看得见它。不过我得实际地告诉你，从前与现在，反映在身体之中的情况，于绘画和自己都是不一样的。

应该先是在广播里，我知道了草原上有一支文艺队伍"乌兰牧骑"，紧接着在画报和报纸上就看到了图片。后来，隔了很长时间，才有人告诉我，乌兰牧骑成立的时间已经很长了。我看到"乌兰牧骑"的图片十分惊奇，"乌兰牧骑"迅速地就成了我最关心的事情。所以这样没有别的原因，这个我得介绍一下。那时候我正在读中学，是学校文艺宣传队的成员——我不知道一个农村公社的中学为什么要有文艺宣传队。宣传队可不是几个孩子在一起学习音乐和表演，我们是有演出任务的。现在我还记得有几次放学后去附近的村子演出的一些情况。有时候回来很晚，我们打着手电筒踩着石头过河，每一次都有同学掉到水里。——这有点像"乌兰牧骑"了吧？都是"文艺的战士"，我对他们的倾慕，看起来也就自然了。

我知道这样比较有些幽默。更重要的是年龄。青涩的时节，什么在眼中都容易成为美好。不过，这种感觉很快就过去了……"乌兰牧骑"也像生活中遇到的许多事情一样，没多久就没有了消息。

但事情没有在此止住。"乌兰牧骑"作为一种记忆，存在我心里，懵懵懂懂间像种子一样，

乌兰牧骑带来的流动图书箱深受牧区儿童的欢迎。
　　　　——摘自《民族画报》1977年第5期

　　队员们到蒙古包为贫下中牧演
出文艺节目。
　　　　——摘自《民族画报》1977年第5期

看似干燥，却是把水分藏在了里面。就是这样，某一天环境有了变化，自然地它就会生出新的内容。

——说出这话，我像是期待了。事实果然如此。

没有原因。真的没有原因。就是在另一个时间它突然地"冒出"了——像一棵草，一枝花，像庄稼和树，我觉得它非常好看——能想到我的欣喜吗？我确信，这是一个不错的绘画题材。

我意识到这一点已经进入了2003年。

我开始重新寻找资料。是的，虽然有印象，但我不能凭着记忆做绘画的创作。我得找到确实的证据，绘画的创作需要具体的形象。

离我家不远处有一个公园，每逢星期天，那里就成了"文化旧物市场"。我去了几次，没费多大事，就在旧书摊找到了一本宣传"乌兰牧骑"的画册。我翻了翻，觉得那里的图片已足够我用了，于是开始了"乌兰牧骑"这组作品的创作。

我在使用那些资料的时候，发现"乌兰牧骑"的新闻图片都属于"摆拍"，按现在传媒人的话语讲，这是没有实际价值的图片。我认为不是这样。因为"乌兰牧骑"不是假的。即使那些人在表演，他们演的是自己，这不是真实吗？我理解的真实，不在于是否现场，而是事件的本质。还有，那些图片已经产生了影响，它们就有了存在的意义。它们仍然不失为一种"乌兰牧骑"的证明。

我画的第一幅《乌兰牧骑》，表现的是他们在草原上起舞。在那之后的许多年，我又画了其他类似的内容，不过因为时间的不同，反映在画面上的感觉也就不一样了。开始的创作受到画报上图片的影响，我是画乌兰牧骑的，我把他们放在了为之服务的牧民生活中。毋庸置疑，我是怀着赞美和歌颂的想法，因此那些画面，是充满着喜悦的。但是，我告诉你，那种喜悦，其实是在表达着情绪，是一种"不屑"。你可以这样去想，我画乌兰牧骑的时候，已经没人在意他们了。我和辽宁人民艺术剧院的一位著名演员聊我的想法，他先是很惊讶，随后才说："好哇！那是值得记住的事情。"我听出他语调中的落寂。他是在乌兰牧骑演出中成长

乌兰牧骑（1）

乌兰牧骑（2）

乌兰牧骑（3）

乌兰牧骑（4）

乌兰牧骑（5）

起来的演员。他的感情谁都可以理解。而我呢，没有他那样的经历，我的真切来自哪里？也得说，我是认真的，不过，我确实忽视了那个年代里普遍存在的情绪。

我只是觉得，在草原上跳舞，还有看跳舞的人都应该是幸福的。那注定是浪漫和理想的生活。你看，我是多么的幸运，仅仅凭着这含含糊糊的认识，就去表达被潮流裹挟所掩饰的真相。当然这得感谢那些图片，图片提供的信息还是多方面的，它会把不易察觉的事情摆到你面前。

现在清楚了吧？我画"乌兰牧骑"，实际是在远离现实的热闹。这并非我发现了什么过错，所以承认下来，而是我的怀疑，由此产生了不安。

任何一个敏感的人都不难分辨生活中的真实或仿制。可在绘画的时候，我们常常把它混在一起。我想起孩子听到故事的那一刻，他们没有怀疑，相信就是了。从我知道"乌兰牧骑"那一天到现在，我也像孩子听故事的那种情况，没有去做仔细的考虑。就是将画面像传说那样处理。画听到的故事，"草原和仙女"就这样存

在了。

我没有草原上生活的经验。我不懂得草原。我知道，画家对他所要画的内容首先得相信，而且要融为一体，现在我的草原和草原的仙女是怎么一回事？你应该了解到，还没画呢，我的心里已经有了仙女，由仙女想到的是草原。我从没有和谁这样讲过我的想法，也许根本就没法讲。这是我身体里的感受，它和身体是在一起的。这样的态度使我相信，我所想的，就是真的发生过的。我每画一笔，都只是针对自己。画面没有诉说。作品成为一种独立的形象。在绘画的最初阶段，我发现我该做的就是维护自己的那一点想法，像秘密一样的想法。

仙女的故事，中国的孩子谁都懂得。不过，今天的想法已经是色彩缤纷了。我们那时候，仙女还是朴素的，所谓的理想，就是仙女可能会成为老实、本分或者善良人的妻子，她会做饭，会打扫房间，会纺线织布。当然，仙女有着神奇的能力，比如缸里没有米了，她只要拿瓢一舀，就可以在空缸里舀出米来，而且源源不断。另外，仙女总是俊美的，会唱好听的歌，

会跳好看的舞。我说的都是实实在在的吧。这与现在的孩子们所接触的花仙子还有种种精灵，是不是就差多了？花仙子是不吃饭的。——离不开厨房的仙女，他们会觉得很没意思，并且还会觉得有些"土"。没有办法，我当时不能那么去想。我们是到了成年，才觉得吃饭不是问题的。

草原是遥远的，它广阔无际。草原的姑娘飘在草原之上。如同白云，她们轻盈地飘着。

——这是我的画面吗？是的，你仔细看的时候，很容易就可以看到这些内容。我想把画面处理得干净一点，简单一点。我没有去想那些"乌兰牧骑"的图片到底是怎么一回事。这不是我的随心所欲，我只是把想象放到前面。如果说生活这部大书高深莫测，我的草原实际上呈现的是一种"初浅"，像儿童读物那样初浅。

在画面上，我选择了一种绿色。这绿色与草原的绿若即若离。它同样不是真实的，可又并非不可捉摸。这是我那时的一种心情。假如我对草原有着深刻的认识，我便不会做这种事情了。我把我的想法投向了草原。从我开始对

"乌兰牧骑"感兴趣，到我动手画这几幅创作，其间相距了三十多年。多么有意思的一个话题哟！——年轻的梦竟然做了这么久，三十年后像没醒一样——我得关上门，我不需要听见外面的声音，包括手机和电视的声音。

所谓的孤独，就是你同周围无法交流，无法呼吸到空气了。我记不得当时发生了什么事情，其他方面，我找不到一点痕迹，只有这几幅"乌兰牧骑"的绘画，显得有些另类。

是的，在此之前我画过一些草原题材的画。那些作品在绘画过程中，我曾试图先在脑子里形成一个准确的图像——不得不说，这是受"乌兰牧骑"图片的影响。可是，进入画面，我又把它抛于脑后。如此一来，我的绘画发生了反复——这几乎就是推翻现实了。我不知何以出现这种情况，想来想去，最终还是童年的记忆帮助了我，是孩子的那些幼稚把我融化了。

画家的绘画是个人在完成一项工作。他要尽心尽力，因此，必须和周围的人隔开。现实中人们的某些议论，对于画家而言毫无益处。这与我们今天看到的情况不一样。我们经常是

一些人组织在一起，做着研究和讨论的工作。这样怎么可以呢？绘画的特殊在于视觉上的影响，一块颜色的深深浅浅其实涉及你要表达什么。这是一个专业的问题。同样的一个图像重复了几次，就有着几次的内容。

我看看我的仙女与草原，或者说绿色——这会更好。对于画面的解读，我觉得不在于附会给它生动的故事，而是维持绘画的纯度。这是特殊人群的一种需求。最为重要的是，它可能在传达某种理念，某种新鲜的，某种我们尚不知晓的感受。

我的画面，我说过，其实在重复一些概念。那些童话和传说中的人物，经过无数的嘴巴，已经成为一种简单——它好像是尽人皆知了。那么，我闭上嘴，我不听别人也不听自己了。我拿起了画笔，我调些颜色，我再把这些颜色涂到画面上。对！就是眼前的这片绿，会吸引你吗？——不过，我已经改变了童年的想法。于此，也可以说得更准确一点，我是改变了故事的起点。很多情况之下，绘画表达的感情也会使别人感动，我愿意我的作品能够使人注意，这样我说的就不再是我一个人从前的事情。

我这几件作品到最后画得是拖拖拉拉。在看似完成以后，已经参加展览了，在拿回的时候，我又把它给修改了。一件作品开始的时间好说，结束了，并不意味着就是完成。这是我的绘画观念所致，我为此也是苦恼着。在实际绘画的进程里，我常常处于各种焦虑之中。我感到，绘画的完美总是难以琢磨。所牵扯的画面自然有着技术层面的问题，但更多的还是情绪。

我所羡慕的"乌兰牧骑"到底是什么呢？显然不是出于理性和逻辑的结果。身体中的不安促成了幻觉，对于日常的真实有点不在意了。是的，在这种情况之下，我得让我的心思集中起来，我得找个地方把它安顿下。创作的本质其实谁都难以说透，随梦而逐有什么关系呢？

我的说法有点伤感。但是，我在观察我的从前——青涩的年龄——我总是怀念的……然而到了今天也真的有了些清醒：我已经走出了从前那个年纪，再看到的就是另外的样子了。

——刚刚在电梯里，看到镜子映出一个人的脸庞，我都吃惊了：那是谁？我那样了吗？也是我正沉浸在从前的时光里。如果我没有画"乌兰牧骑仙女"，此时我可能不是这种状态。看起来我并不理解什么是本质和非本质的问题。

我必须承认，我为此也深感遗憾——为什么画完作品还有那么多话要说。因为"乌兰牧骑"？"乌兰牧骑"的工作——如果可以这样说的话——除了文艺演出之外，也以各种方式为偏远牧区的牧民服务：给孩子们送图书，帮助老人理发，为没有照过相的人拍照，为没有看过电影的人放电影……这些事情看起来很小，很平常，但是你想，那不是温暖吗？当年我就是这样认为的。所幸我做了工作——我以绘画的方式把"乌兰牧骑"的事呈现出来，但我做得很不够，就像是随便从日记本上撕下了几页。如果我多画一点，画出他们的方方面面，该有多好。

我的草原是从画"乌兰牧骑"跳舞开始，随着那些姑娘在我的画面上出现，那种迷人的美就牢牢地把我俘获了。我不知道怎样形容那种好看，我会画下去的，我无法停下来。于是，你看到了，种种仙女般的人物开始在我的作品中散漫开来。但是，这时我必须得告诉你，那些画面已不是"乌兰牧骑"了，一切都是悄然之中改变的。

在动手画的同时我就隐约地意识到，"乌兰牧骑"那几件作品之后的绘画，其实里面就没有了我。这是一个重要的变化。我没法回到原先的主题中，我找不到任何方向的参照。我一个人在草原上盲目地走着，就像现在这样。

我反复说过，我非常害怕有人把我的这些画放入草原的生活里，尽管我对它十分亲近。可是，越是画它，越是接近，越使我感到心里有一种无法把握的紧张。我不能像悠闲的游客大谈与那里的情感。我没有那样的胆量。我对草原的喜欢、赞美、信任、追随，源自童年的理想和激情，你可以将它视为对于偶像的一种崇拜。我得保持它的纯净。现在我能肯定的一点是，藏在心中的那些东西，还在孩子时候它就开始在我身上长着。这与一些画家专门去偏远的地方寻找题材不一样。——是爱吗？如果

太阳明亮

吉祥如意

天边的风

湖水生长

这样问，我就更是疑惑了——是一群仙女，在草原上，如此而已。

我觉得，我的表述有些绕来绕去的，也是说明绘画的文章只能是这样，一件作品中的形象怎么可以用另外的语言说出来？但是因为这本书的原因，我还得归纳一下。我的草原题材的作品，大致可分为两类。一类就是表现乌兰牧骑的。在这里我是过客，恰巧遇到了他们在演出或者在做别的事情。我的所有描绘仅仅在一个场景，和任何人看到的都一样。另一类就是想象，也是梦。如果把这些画放在一起来看，怕是容易产生混乱。一方面，我们看到了那段不寻常的岁月；另一方面，虽然也是真实，却像消失的恋情……这种情况下，我们可以愁眉苦脸吗？不，不能，我们没有滞留在那里，我们送上了祝福，我们得与过去告别。画面上的形象似乎在表明，一切欢乐都带着曾经的痛苦。是偶然的因素，我画下他们——你们也看到了。如此，我们悄悄地，在远远的地方享受这份优美，这是草原的给予。

艺术家的工作不是制造一件产品，它是一种语言的表达。而画家所为，实际上是在与别人做着沟通。我们说的互相了解，并不仅仅是局限于某个人群里或者只是当下的事情。绘画的含义广阔，它表现人的通融、豁达和超越。我们说着人尽皆知的事情却不是媚俗，这是怎样的考虑？草原作为形象具有很强的感染力，它的舒缓、温柔的情调很自然地将我们引入世俗的情欲里——我这样说着你不会觉得是轻浮吧？对，这不是浪漫。这是一个值得注意的现象。在平庸之中寻找皈依之地，这也是宿命。

我把我的爱归还草原——说出这个意思，谁都可以即刻生出温馨之感。但是，其中也有复杂的内容，我却没有能力对此再做解释。绘画的行为原本出于平常，画家所表达的，也是任何人心里都有的东西——尽管表面看起来，有时候不大一样。

经过了时间的沉淀，草原俨然成为了我的追求——是的，我几乎带着宗教般的虔诚，一幅一幅，尽心地画着。那些画面也难说我怀着什么心情创作的，更不是故意构思出的方案。我只是知道，这些年里，实际上我已经画了不

远方（1）

远方（2）

远方（3）

少。那么，我的"草原"还是那个草原吗？这是摆在我面前的问题。

我的草原，没有了万马奔腾和野蛮的杀戮，似乎总是展现着祥和，展现着女人的妩媚。我得说，这不是我的某种意志和控制使然，我唯一的认可是，人作为生灵，他需要宁静。在我画出的形象里，在那些作品中，我焦虑的心情暂时可以安稳下来——这就够了吧？

创作的动机真的难以说清。而我的草原，像是处于等待的漫长时刻中。在那样情境下，我愿意把脑袋放空，甚至不必去想生活的乐趣，我只是存在着，像站在暮色里。

生活是有实际内容的，它体现的美取决于观察方式。如果我们所做的仅仅是为了听到回声，就像娱乐场里的欢乐，或者是旅途里休息的片刻，我们手里拿着饮料瓶，把思想装进那种瓶子里，然后一口一口地呷……你想过没有，这不是我们的追求。——把问题交给绘画吧，我想绘画就在那里。相信它。它的存在已经是旷日持久了。

2020 年 5 月 21 日第三稿

曾经骑马过草原

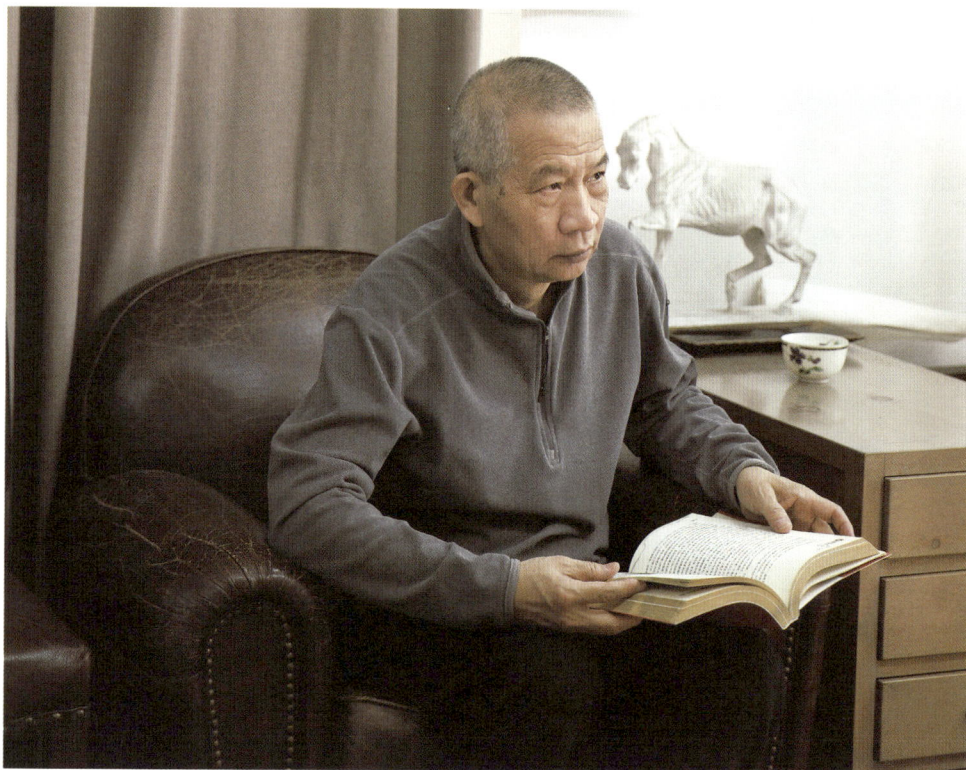

2020 年在北京我的家里。生活就是这样，我在这里，却是想着别处。我躺在床上，计算着为这一切花费的时间——我得说，我察觉不出周围已经异乎寻常了。

后　记

武汉封城是第 57 天了。我在写这本书的后记。

——真是难以忍受。

是的，是我们从来没有见过的新冠病毒。面临着突如其来的疫情，谁都不能漠然和冷静。

这是非常特殊的时期。尽管我们相信可以打败它，但你不知"战役"要持续多久，我们会付出什么。

整理这本书稿的时候，街上的情况就在我脑子里转悠。我想说的是心里的恐慌吧？这不是我一个人的样子，整条街也是这个样子，那里已经空无一人。我的手机铺满了疫情——千里之外的事情都给你堆到了门口，一切都算是透明了。我不知道该诅咒还是感谢。而事实是，我没有能力判断出哪些是真，哪些是假。说实话，越是不懂的东西，越使我害怕。

这本书的主体部分已经完成了。我还有些话，我觉得有必要也放到这本书里，就是眼前遇到的灾难对我们的影响。我们谈生活，怎么可以抛开这种事实呢？艺术创作终究不是梦，不是每天早上起来涂抹在脸上的润肤霜。它显露的是实际问题。

我在自己的房子里，这样，我就置身一个独立的空间了。我可以看到日出日落，可以看到风和雾霾，可以看到雪飘在空中，可以看到它又落到地上。我可以看到窗外树的变绿，草的变绿，可以看到花开……但是，我觉察不到时间。

人的思维其实总是处于混乱之中。有谁可以像指南针一样，永远有着一个方向？在这些天里，我感受到的不是孤独，不是平常想到的那些事情。就是这样，大家一同在受难。

——似乎有点离奇，网上流传着一句话，"时间停摆了"，许多人都在使用它。可我至今没有领会其中的意思：时间怎么可以停止？是因为封城？机关放假？学生不在学校上课？而这些正是我们以生命面对的问题呀！

我在寻找一片草地。我想停下来，我想躺在那里。我怀念从前的日子。那一刻，我肯定没有睡着。我累了，记忆有时候也会成为摆件。别忘记了这期间还存在着"过年"。过年的实质是"过开始"，每一年大家都是这么祝贺着。我写了好几款"福"字，至今还在那儿放着，朋友们没法来取。

我的书稿还在那里，还有从前的那些照片。我现在可以慢慢地翻看它们了。

那时候，我可能还有骄傲和狂妄，我想着人的能力是可以与自然抗衡，可以与它去争个高下的。现在呢，说着这话，你看，我有点昏昏欲睡了。我的疲倦是我自己的，以此面对从前。我感到了时间的漫无边际。

我把"武汉封城"作为时间标记在这里。它不是生活的背景，它是现实。如果我们忽视了疫情的影响，我们的工作就变得毫无意义。尽管病毒是突然出现，尽管我们不能完全阻挡它的传播，生活却会因我们的行为而生出质量。

这是一个过程。在这个过程里，我们体会着真切的意义。坦诚地说，过去我没有想到的一点就是怎么能有这样可怕的病毒？我们的卫生与公共环境不是很安全吗？人们习惯了一种思维，总以为自由是人的特权，人是独立的一种存在。封闭在家里才觉得生活还有另外一面：人的接触、人的交流是多么重要。隔着窗户看风景，其实看的不是风景。没有自然之中的体

肤感受，就好比通过手机在屏幕上学习，我们看到的仅仅是一张张图片、一条条答案。你细想想，我们不会因此而满足吧？老师在课堂上的眼神和手势，还有班级里同学的大笑，那是什么都不能代替的。万事都是接触才有感情的。

我也想到了我曾经做过的执拗的事情。不过我得合上双眼。比如去大海寻找创作的素材，比如去博物馆看一件作品……当初的目的已经可有可无了。我记得的只是那个时间里的投入和我们遇到什么的影响。生活的本身其实没有预期，就是一次一次的偶然。

我那些文字，说的只是我的态度，是自己的想法。你应该看到，从前的时间把我牢牢地包围着，那是一种感情，它已经进入了我的身体之中。有时候，我也觉察到了这是一种累赘，可是，有什么办法？正是这些内容构成了我。

也许你已经看出了我的担心和战战兢兢。此刻，我像对待疫情一样对待自己。我不知道过后是什么情况。没有什么会恒久不变吧？人类在经受这次打击之后，一定会认真反思。我们无法预知结论，眼前仍然是迷雾重重。是的，我们得生存，我们得思考自启蒙以来的文化实

践是否还有作用。

有很多事实告诉我们，现在的社会很有秩序，我们有法律、道德和良心。有公民教育，有人权意识。可是，当灾难发生了，整个世界变得如此恐惧。这种恐惧会转变成对自由的渴望吗？

隔离在今天已经不可怕了。我们实际一点，可以做个调查，楼上楼下的住户，你们都认识吗？生活都成了摸不着的事情，我们不会为此而担忧？

2020 年 3 月 19 日

下边这段文字和绘画是我发在公众号上的，现在放在这里作为后记的接续，以此补充某些认识上的不足。实在说，两篇文字间隔的时间确实有点长，但我觉得，从表达的意思看，仍然可以是连缀在一起的。

疫情时光

前年，也是这个时候，我画了《该种地了》，那是某报纸为抗击疫情的约稿。本来这幅画没什么可说的，是一看题目就明白的那类作品。但是，过去了两年，疫情仍然还在，我忽然觉得，这画是不是在证明什么？那时疫情出现的时间还不算长，虽然听起来有些恐怖，但不是今天这种认识，以为到了夏天它就没了，再长也熬不过冬天。现在呢，情况大家也都知道了，实际是我们没有很好的办法对付它。

《该种地了》画的是一群农民在地里议论着种地的事情。这内容看起来离疫情好像有点远，可我觉得，那个时候，不是谁都在疫情之中吗？实际上，我们这样的一群人，即使你讲了，谁能讲出疫情的根本？讲出病毒的所以？而种地

"该种地了！" 40cm×28cm

该种地了

的不谈种地才是怪呢！

今年又到了种地的时候，我望着窗外，树也绿了，花也开了……这季节我有点想农村……我有二十多年在农村长着，像地里的庄稼。这样说你就知道了，我画的这类题材，多数是出于自己的经历。绘画这种事情很特别，有些时候，难以说清你要表达什么。即便开始有了明确的想法，画着画着，随着形象就不知跑到哪儿了。现在这几幅画，《春来了》《薄雾》《种地》和《田野》，我说也是为了"疫情"的创作，你相信吗？其实它们和《该种地了》一样，不过是没了约稿，我为自己画了——这似乎更纯粹。这是一种真实，疫情正在发生，做什么都会受到它的影响。不过我没有画疫情中一线工作的科学家，没有画医生和志愿者，这样的作品在"抗疫"的宣传中就离开了重点吧？我不这样想，尽管事实是不会有人重视我的这类创作。我把自己置放在曾经的生活里，我思考着眼前的一切，我的描述只能归于记忆了。

这几幅画都是从简单开始——我找到了过去在农村收集的资料，然后就是画了。现在的问题是，如果没有疫情，换在其他时间，我会画什么呢？我会看到今天的这些内容吗？我不停地想着，我把画面改来改去。绘画是一个过程，在那个时间里，我体会到生活中个人的无奈和无奈之中的努力。艺术的存在是一种伤心，我们常常把美丽裹挟在作品里。因为现实中我们总要面对着人性，当以另一种方式审视这部分内容的时候，尽管不安，仍然会将其视为对自己的帮助。

从前的农村已经不在了，每一次我看到的都是满眼的陌生：种地的农具变了样子，劳动的感觉与过去大相径庭，还有农民。其实，真正意义上的农民没有了，甚至种子——种子都不在自己的地里长着了……我无法言之何为更好，其中的道德和智力问题，我觉得也是无法判断了。现实是，我们总在说相信自己，土地呢？土地本身的文明与我们断开了吗？这些不清楚的情况构成了我的想象——这应该是我画这些画的基础和动机。

我相信画面上存在着更多的内容，画家凭着感觉工作，朴素和直接显得重要了。如果让我谈理想，我愿意说我的作品是自然的一幅画，它是土地里长出来的东西。我想，那样就是获得了空间，获得了可以与人交流的机会，假如有人还喜欢绘画的话。

生活的内容可能就是平平常常把焦虑和不安藏起来的事情，没有什么想法与计划是一个永远的现实。面对着诸多的不完美，我们无能为力。其实，没有疫情我也会画的，可能不是现在的画面，但内容一定会有些雷同。

《该种地了》那幅画像是一篇日记。有一年我去了辽南的一个山区，那天还是阴天。阴天的山区特别舒服，周围的空气你抓一把就能攥出水。我感觉在那里我像个透明的人，只有一个轮廓，是"站着看热闹"的样子。那些农民在田垄里来回走着，步子很大——这是他们本来的样子。后来的几幅虽然也是画那里，内容就抽象了。疫情来了有两年多吧？眼下糟心的还有俄罗斯和乌克兰的冲突，我没有觉得它离我们很远，它影响着我——不是都在说那里是世界的粮仓吗？我不知道现在那里是什么季节。生活中遇到的不幸，莫过于不能按时播种了。

2022 年 5 月于北京

春来了

晴天

薄雾

种地

田野

　　窗外的樱花又开了。这是三月的最后一天。那天早上，对着樱花，我莫名冒出一个问题：去年花开也是这个时间吗？——没人告诉我，而我也不是想知道答案吧？我只是在问，我问花，也问自己。

　　现在，我在检查书稿。这应该是最后一次了。到这时候我才明白，反复地做一件事是什么滋味。不过，这是为了这本书，为了在这本书里写下我的想法。就是这个念头，我找寻到了我不熟悉也不由我决定的方式，这与我在绘画上遇到的情况是相同的。我拿着笔，每走一步都在想。身体之中感受到的使我始终处于犹豫的不安下。

　　我在书中的叙述，很像是平常的回忆，但是得有照片在。照片把我们定在一个具体的时间上，这样就不可能跑得很远了。在我的认识中，任何的语言都是以独立的形式存在着，照片、绘画、我们看到的风景，都有自己的故事藏在其中。面对它们，我无法知晓一切。面对自己，面对曾经走过的路也是如此。

　　我用手机拍下窗外这树花。我想让它作为证据。我不知道自然中是否还有比观察我们更有意思的现象。

　　我记得花开仅仅是两三天的样子，也可能更短。——花开就是好看的时间吗？为什么我们总是把好看的时间多说一点？

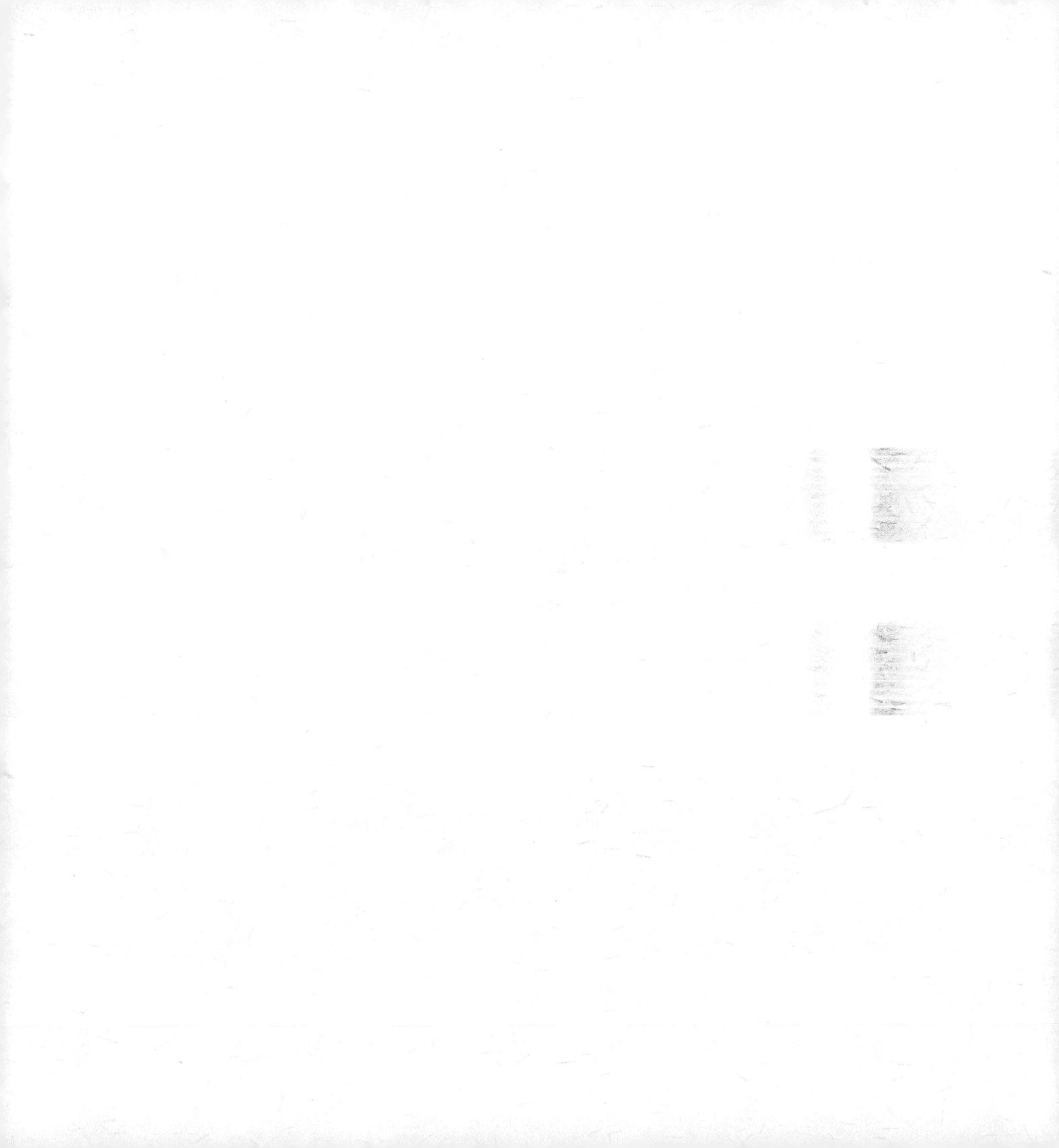